新文科建设背景下
高校 FIT 人才
培养模式研究

彭　程　董竞飞◎主编

中国财富出版社有限公司

图书在版编目（CIP）数据

新文科建设背景下高校 FIT 人才培养模式研究 / 彭程，董竞飞主编 . —北京：中国财富出版社有限公司，2023.5

ISBN 978 - 7 - 5047 - 7859 - 8

Ⅰ . ①新…　Ⅱ . ①彭…　②董…　Ⅲ . ①高等学校—人才培养—培养模式—研究—中国　Ⅳ . ①G649. 2

中国国家版本馆 CIP 数据核字（2023）第 089014 号

策划编辑	杜　亮	**责任编辑**	杜　亮	**版权编辑**	李　洋
责任印制	尚立业	**责任校对**	卓闪闪	**责任发行**	董　倩

出版发行　中国财富出版社有限公司

社　　址　北京市丰台区南四环西路 188 号 5 区 20 楼　　**邮政编码**　100070

电　　话　010 - 52227588 转 2098（发行部）　　　010 - 52227588 转 321（总编室）

　　　　　　010 - 52227566（24 小时读者服务）　　010 - 52227588 转 305（质检部）

网　　址　http：//www. cfpress. com. cn　　**排　　版**　宝蕾元

经　　销　新华书店　　　　　　　　　　　　**印　　刷**　北京九州迅驰传媒文化有限公司

书　　号　ISBN 978 - 7 - 5047 - 7859 - 8/G · 0788

开　　本　710mm × 1000mm　1/16　　　　**版　　次**　2024 年 8 月第 1 版

印　　张　12. 5　　　　　　　　　　　　　**印　　次**　2024 年 8 月第 1 次印刷

字　　数　198 千字　　　　　　　　　　　**定　　价**　58. 00 元

前　言

2020 年 11 月，教育部在山东威海组织召开新文科建设工作会议，发布了《新文科建设宣言》，正式吹响了新文科建设的集结号。新文科建设是在新时代提出的高校文科教育新思路和新方向，具有重大的战略意义。新文科是文科教育的创新发展，目的是培养担当民族复兴大任的新时代文科人才，培养未来社会科学家，推动形成哲学社会科学中国学派，创造光耀时代、光耀世界的中华文化。

专业优化、课程提质和模式创新是新文科建设的三大抓手。新文科建设必须落实立德树人的根本任务，实施素质教育，培养学生的跨学科思维和解决综合复杂问题的能力。在专业交叉融合方面需要打破传统专业界限，融入新知识和新理论；在课程体系打造方面需要建设学术内涵深厚，形式载体丰富，方法手段新颖，知识性和价值性"双融合、双提升、双促进"的一流课程。

为了全面贯彻落实新文科建设目标，四川外国语大学国际金融与贸易学院积极探索经济管理专业建设新方向，以市场需求为导向，以人才综合素质能力提升为目标，提出了 FIT 人才培养目标，即以培养拔尖金融经济学（finance economics，F）人才为目标，强调人才培养的国际化和数智化整合（integrate，I），实现学生跨文化交际能力、跨学科思维能力和跨专业应用能力的提升（transform，T）。践行国际化、数智化人才培养战略和特色化办学方针，坚持培养"专业基础扎实、学科交叉、知识复合、国际交流能力强、熟悉国际商务惯例、具有国际视野和创新精神的高素质经济金融人才"，逐渐形成了"专业＋英语＋小语种"的人才培养模式。

本论文集汇集了四川外国语大学国际金融与贸易学院的老师们针对新文科建设目标，在经济管理专业建设与课程教学改革的不断实践与探索中经过深入思考而形成的理论与实践认识，主要阐述了高校经济管理专业培养什么样的人、用什么培养人、怎样培养人、培养的人怎么样的问题，涵盖了专业建设路径、专业人才培养模式、专业课程改革等方面的研究，同时是他们践行 FIT 人才培养模式的智慧结晶，凝聚了他们爱生如子、潜心教学、服务社会的赤诚情怀。

由于编者学识有限，难免有错漏不当之处，敬请大家批评指正。

编　者

2023 年 3 月

目　录

人才培养模式篇

新文科背景下 FIT 人才培养模式的实施路径研究 …………………… 彭　程　3

新文科背景下 FIT 人才培养模式的学科建设与实践研究 ………… 林　川　10

新文科背景下金融学一流本科专业建设思路探讨 ………………… 陈银忠　18

新文科背景下经济类"国际化＋数智化"人才培养路径

　研究 …………………………………………………… 董竞飞　26

国际化特色商科人才多主体协同培养理论与实践

　——以国际经济与贸易特色人才为例 ……………… 许　劲　郭　炫　36

新文科背景下外语类院校金融科技专业 FIT 人才培养模式与

　路径研究 ……………………………………………… 翟浩淼　48

新文科背景下基于 OBE 理念的金融专业人才培养模式研究 …… 高福霞　56

新文科背景下国际经济与贸易专业 FIT 人才培养模式

　创新研究 ……………………………………………… 邹思晓　65

新文科背景下金融科技人才培养探索研究 ………………………… 张　云　72

新文科建设目标下产教融合实践教学基地平台数智化整合模式与

　发展战略研究 ………………………………………… 鲜京宸　78

关于日本推进"顶级全球性大学计划"的教育国际化举措与

　成效研究 ……………………………………………… 毛卫兵　89

课程教改与教学法篇

Seminar 教学法在新文科建设中的创新应用探索 …………… 陈　书　101

新文科背景下外语院校"经济学原理"课程探究式教学

　模式研究 ………………………… 黄　森　刘爱琳　毕　婧　111

S 外国语大学国贸专业和辅修国贸外语类专业本科生 WTO 英语水平

　比较研究 ……………………………………… 陶红军　118

基于翻转课堂的"计量经济学"教学改革 ……………… 于　洁　135

三全育人理念下的线性代数课程思政教学实践 ……… 马健军　142

新文科背景下 FIT 人才培养模式的叙事教学法探索 ……… 李菁华　150

新时期文科大学生高等数学课程教学探究 ……… 李海利　157

论高校教师课堂行为设计对学生创新创业能力的影响

　——以"公司战略与风险管理"课程为例 ………… 王淋靖　彭馨逸　162

"大智移云"背景下金融学专业"财务分析"课程教学

　改革研究 ……………………………… 彭馨逸　王淋靖　172

新文科背景下市场营销课程融合数字营销的探讨与

　体系构建 ……………………………………… 钱筱蕾　179

基于学生兴趣调研的课程思政素材库建设 ………… 周　萌　184

人才培养模式篇

新文科背景下 FIT 人才培养模式的
实施路径研究[*]

彭　程

摘　要: 新文科建设对经济学人才培养提出了新的要求, 时代发展的趋势也要求经济学教育应契合数字经济发展的新潮流。本文在对四川外国语大学国际金融与贸易学院 FIT 人才培养模式进行解析的基础上, 提出了实施 FIT 人才培养模式的 "政府找婆家" "市场找东家" "口碑靠自家" "发展靠大家" 的路径。

关键词: FIT 人才培养模式　新文科　实施路径

一、引言

新文科教育是面对时代发展的新形势及教育发展的新要求, 为加快构建中国特色社会主义哲学社会科学的学科体系、学术体系、话语体系、人才培养体系等, 全面支持教育强国、文化强国建设, 努力推动高等教育的高质量发展, 构建哲学社会科学发展的新格局, 高等文科教育做出的转型发展与创新发展的重要举措 (樊丽明, 2020; 吴岩, 2021)。作为一场 "文科教育的革命" (王铭玉, 2020), 新文科教育以培养能够适应时代变化的新型人才为根本任务, 彰显了当前高等教育的时代使命与责任担当, 不但有利于通过多学科、多专业间的交叉融合实现文科知识体系的创新发展, 也为运用新技术、

---

* 本文系重庆市 2022 年高等教育教学改革研究项目 "新文科背景下国际化多元融合式人才培养的模式与路径研究" 的阶段性研究成果。

新知识、新理论讲好中国故事、阐释中国理论构建了良好体系并奠定了良好基础（张宽和王广义，2021）。作为文科教育的重要组成部分，经济学学科因其应用性较强、涉及面较广，能够与多学科进行交叉融合，且与当前全球及国家发展新趋势契合，理应成为新文科建设过程中主动顺应时代发展，进行创新与改革的重要学科。一方面，在当前全球数字经济发展的大环境下，以经济学学科为代表的人文社会科学面临着巨大挑战。新时代中国经济学履行着构建中国特色社会主义市场经济理论，以此揭示中国经济发展规律和创新数字经济理论的重要责任。另一方面，经济学通过与理工类学科交叉、与其他人文社会科学类学科有机交叉，在经济全球化背景下承担着中国经济学国际化与讲好中国经济故事的任务（洪永淼，2021）。这就意味着，在新文科建设背景下探讨中国经济学类专业建设及经济学类人才培养模式的问题，不但有利于改变传统经济学教育范式，构建适应新时代要求的人才培养新模式与新体系，而且对于推进新文科建设具有重要的理论与现实意义。

虽然新文科这一概念提出的时间并不长，但现有文献对新文科背景下的专业建设与人才培养问题进行了较多研究，其中包括对新文科背景下的经济学类专业建设与人才培养问题的研究。乔榛和吴艳玲（2021）指出，经济学应做新文科建设领先的探索者，需要构建中国特色社会主义经济学体系，建立以学生为中心的人才培养模式，构建专业教师学习新技术的培训机制；魏丽莉等（2021）指出，新文科背景下经济学的发展需要推动实现政府决策科学、学者献智有效、高校推广实践的融合发展路径。在金融学专业建设及人才培养方面，童藤和张紫诺（2021）指出，新文科背景下金融类专业人才的培养需要完善培养模式，促进产教协同，引领创新理念，优化保障机制；刘珺等（2021）指出，新文科背景下金融类人才的培养需要注重价值引领，打通专业壁垒，深耕教学资源，力促产教融合。在国际贸易专业建设及人才培养方面，顾晓燕等（2020）指出，新文科背景下国际贸易人才培养需要完善人才培养方案，加快课堂教学改革，深度推进产教融合，强化教学队伍建设，深化国际合作育人；明洪岩（2021）指出，新文科背景下国际贸易多元人才的培养需要优化教学方式，强化创新创业教育；张倩男（2021）指出，新文科背景下国际经济与贸易专业的发展需要构建新理论，融入新技术，打造协同育人、模式多元、体现特色的人才培养模式；王庚（2022）指出，新文科背景下贸易经济专业的发展需要立足学科属性并兼顾专业属性，采取灵活的人才培养机制和培养模式。

四川外国语大学作为重庆市新文科建设立项高校，近年来积极投入新文科建设的各个环节中，通过交叉专业、微专业、现代产业学院、校企合作项目等一系列项目的实施，致力新文科时代的人才培养。国际金融与贸易学院创新性地提出了新文科背景下的 FIT 人才培养模式，致力于培养拔尖金融经济学人才。因此，本文将立足于新文科的时代要求，结合 FIT 人才培养模式的架构，重点探讨 FIT 人才培养模式的实施路径。

二、FIT 人才培养模式解析

结合新文科教育的要求，四川外国语大学国际金融与贸易学院为了培养适应新时代要求的创新型人才，提出了 FIT 人才培养模式（见图 1），即以培养拔尖金融经济学人才为目标，强调人才培养的国际化和数智化整合，实现学生跨文化交际能力、跨学科思维能力、跨专业应用能力的提升。

图 1　FIT 人才培养模式

FIT 人才培养模式以培养拔尖金融经济学人才为目标。国际金融与贸易学院旨在培养具有良好政治素养和扎实专业基础、数理基础、外语基础，能够适应数字经济时代国家及地方经济发展需要的拔尖金融经济学人才。

要实现培养拔尖金融经济学人才的目标，就要促使学生完成多种能力的转变与集合，包括学生的跨文化交际能力、跨学科思维能力和跨专业应用能力。其中，跨文化交际能力是外语类院校培养人才国际化能力的重要关注点，通过嵌入第二外语、跨文化、商务谈判、商务礼仪类课程或讲座的形式，使学生能够更加了解国际商务活动中的文化因素，提升学生的跨文化交际能力。

跨学科思维能力旨在培养学生利用多学科思维处理金融经济专业问题的能力，通过在课程体系中设置多学科课程的方式，使学生具备多学科思维的能力，如在金融学、国际经济与贸易专业的课程体系中，设置基本的数学类、经济学类、管理学类课程，还应加入法学类、计算机类等课程，以此促进学生思维能力的提升。

跨专业应用能力的培养既重视学生跨专业知识的积累，也重视对学生应用能力的塑造。一方面，通过交叉专业的方式，实现新文科背景下学生跨专业能力的培养，如国际金融与贸易学院开设了"国际经济与贸易 + 商务英语"和"金融学 + 翻译"两个交叉专业，以此在教授学生经济学专业基础知识的同时，提升学生的专业外语能力，这正是新文科教育要求的体现；另一方面，重视通过校企合作、产教融合等多种方式，为学生打造应用能力提升的平台，实现新文科教育对学生应用能力的培养目标。

为了实现人才培养目标以及学生多能力的塑造，FIT 人才培养模式中提出了专业建设思路，即人才培养的国际化与数智化整合。其中，专业建设与人才培养的国际化，源自四川外国语大学作为外语类院校所具备的强外语特征与国际化资源。一方面，依托学校的国际化特征与资源，国际金融与贸易学院积极与国内外高校合作，并通过全英教学、外教授课等多种模式，为学生营造国际化的环境；另一方面，在各专业的课程设置与课程内容中，通过提高专业外语课程比例和对行业前沿热点问题进行研讨等多种方式，实现对学生国际化能力的培养。而在数智化方面，为适应新文科教育对学生能力的培养要求和数字经济时代商务环境的变化，国际金融与贸易学院在各专业培养方案中均加入了数字经济类的课程，如在国际经济与贸易专业加入"跨境电子商务"、在金融学专业加入"金融科技概论"等课程，以此来保证学生能够对数字经济相关知识有所了解，从而能够适应数字经济时代行业的变化。

三、FIT 人才培养模式的实施路径分析

为了实施新文科教育背景下的 FIT 人才培养模式，国际金融与贸易学院

提出了"政府找婆家""市场找东家""口碑靠自家""发展靠大家"的实施路径（见图2），致力将学院培育成为"西部一流、国内领先、国际知名"的新型经济类学院。

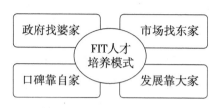

图2　FIT人才培养模式的实施路径

1. 政府找婆家

国际金融与贸易学院致力于政校联合，通过与政府部门的合作，获得相应的政府资源，并以此扩大专业影响。对于国际经济与贸易专业，学院早在多年前就已经与重庆市商务委员会建立了相应的合作关系。对于金融学、金融科技专业，学院将进一步加强与重庆市地方金融监督管理局、中国人民银行重庆市分行等的合作，并在数字经济发展的趋势下，寻求与重庆市大数据应用发展管理局的合作，为学院发展及人才培养提供更多资源。

2. 市场找东家

除了积极推动政校合作，国际金融与贸易学院还致力于推动校企合作，通过与行业协会、龙头企业和链主企业的合作，了解行业对于人才培养的需求与要求，既为提升人才培养质量提供依据，也为学生提供良好的实习、实践和就业机会。目前，国际金融与贸易学院已经与重庆对外经贸（集团）有限公司、中信建投期货有限公司、上海数喆数据科技有限公司和厦门创翼数字科技有限公司等10余家企业建立了校企合作关系，走访了重庆市外商投资促进中心、重庆市进出口商会、西南证券股份有限公司等企事业单位，并将进一步与平安银行、北京知链科技有限公司、重庆小雨点小额贷款有限公司、重庆誉存科技有限公司、光大永明人寿保险有限公司等多家企业建立合作关系。这些合作企业每年将接待学院不同专业、不同年级学生的参观学习，而且企业高管会定期为学生开设讲座，进一步深化校企合作，构建新型产教融合人才培养模式。

3. 口碑靠自家

在人才培养模式的打造过程中，努力提升国际金融与贸易学院自身竞争力是最核心的因素，也是学院发展的最强动力。一是加强课程建设，建设一批一流课程。通过在线课程建设、虚拟仿真实验课程建设、社会实践课程建设等多种模式，打造一批教师能够使用、学生能够学习的"金课"。例如，在打造国际经济与贸易全英专业课程的过程中，以在线课程的方式记录每门课程的集体备课过程，从而形成可复制、可推广的在线课程建设经验。二是加强师资队伍建设，加大师资队伍的培训力度。为了适应数字经济时代对专业建设与人才培养的要求，学院积极推进对教师的数字技术培训，一方面加强与语言智能学院、国际工商管理学院的合作，建立校内数智化发展联盟；另一方面为教师提供培训经费支持，鼓励教师积极参加如金融科技、Python 等的各类培训，提升教师的数智化能力。

4. 发展靠大家

国际金融与贸易学院的发展需要依托学校各行政部门及其他兄弟学院的支持，也需要校友的支持，这样才能助力学院的全方位发展。因此，学院除将积极寻求各行政部门的帮助，加强与多个学院之间的合作，形成人才培养的合力，还将加大校友建设力度，通过打造校友会、校友沙龙等不同方式，鼓励校友回校为学生"传经送宝"，既能够让学生更好地了解校友的发展情况，也能够促使学生从校友身上学到更多学业发展、职业发展的经验，有利于学生拓宽视野，为自身日后的发展奠定良好基础。

参考文献

[1] 樊丽明. 凝心聚力　创新建设　开创文科教育新未来 [J]. 中国高等教育，2020 (24)：4-5.

[2] 吴岩. 积势蓄势谋势　识变应变求变 [J]. 中国高等教育，2021 (1)：4-7.

[3] 王铭玉. 新文科——一场文科教育的革命 [J]. 上海交通大学学报（哲学社会科学版），2020 (1)：19-22，30.

［4］张宽，王广义．中华人民共和国成立以来我国文科高等教育发展历程研究——兼论新文科建设的重要意义［J］．北京教育（高教），2021（5）：46－48．

［5］洪永淼．"新文科"和经济学科建设［J］．新文科教育研究，2021（1）：63－81．

［6］乔榛，吴艳玲．新文科建设背景下的经济学专业创新发展研究［J］．黑龙江教育（高教研究与评估），2021（5）：37－39．

［7］魏丽莉，陶杰，魏志鹏．新文科建设背景下经济学的融合发展——基于循证逻辑的证据研究［J］．兰州学刊，2021（10）：18－34．

［8］童藤，张紫诺．新文科背景下金融类专业应用型人才培养策略研究［J］．湖北经济学院学报（人文社会科学版），2021（11）：122－124．

［9］刘珺，张晖，陈晓燕，等．价值引领文理融合：新文科背景下金融类人才培养改革探索——以铜陵学院为例［J］．铜陵学院学报，2021（3）：113－116．

［10］顾晓燕，华树春，符斌．新文科背景下国际贸易专业人才培养模式优化研究［J］．产业创新研究，2020（17）：142－144．

［11］明洪岩．新文科背景下国际贸易专业多元人才培养模式研究与实践［J］．产业创新研究，2021（15）：120－122．

［12］张倩男．新文科背景下国际经济与贸易专业创新发展研究［J］．产业与科技论坛，2021（13）：107－108．

［13］王庚．新文科背景下贸易经济专业定位研究［J］．江苏商论，2022（3）：120－123．

新文科背景下 FIT 人才培养模式的学科建设与实践研究[*]

林　川

摘　要：本文基于四川外国语大学国际金融与贸易学院提出的 FIT 人才培养模式，探讨了新文科建设背景下的学科建设实践，分析了 FIT 人才培养模式下的学科建设模式与建设目标，并提出了加强学科间的交叉融合、加大学科建设的国际化与数智化力度、加强校企合作和加强教师培养的实施路径。

关键词：新文科　FIT 人才培养模式　学科建设

一、引言

新文科建设是中国文科高等教育在当前社会大变革时代做出的积极回应，这既是对传统文科教育的拓展与深化，也是对文科教育精神与内涵的提升、学科与专业的交叉融合、教育方式与方法的进步与革新（张俊宗，2019）。自2018 年教育部高等教育司在"四新"建设中明确提出"新文科"概念，2019年"六卓越一拔尖"计划 2.0 启动以来，新文科建设引发社会各界的关注，2020 年《新文科建设宣言》的发布，达成了新文科建设明确总体目标、强化价值引领、促进专业优化、夯实课程体系、推动模式创新、打造质量文化的任务。新文科建设具有融合化、时代性、中国化、国际化的特征，是新科技革命与文科教育的融合，是时代发展历史节点赋予文科教育的新使命，也是

---

　　* 本文系四川外国语大学 2022 年教学改革研究重点项目"新文科背景下国际化多元融合式人才培养的模式与路径研究"的阶段性研究成果。

全球新格局下文科发展的新要求（樊丽明，2020）。新文科建设不仅体现出当前中国文科教育在转变过程中的学科共生体与学科集成体功能，也体现出中国文科教育未来长期发展的主要趋势（龙宝新，2021）。这就意味着，新文科建设需要转变传统文科建设的旧理念，树立新科技革命时代的人才培养新理念；需要改革人才培养旧模式，构建适应新时代人才培养要求的新模式；需要打破学科与专业发展的旧范式与旧局限，形成适应新文科建设要求的发展新范式（金祥荣和朱一鸿，2022）。

作为高校长期发展的基本推动力，学科建设同样是新文科建设的重要内容。一方面，学科建设是人才培养的基础，人才培养是学科建设与发展的助推力，两者之间的相互结合与推动是高等教育内涵式发展的本质和必然要求；另一方面，在新文科建设背景下，除了本科专业需要结合时代发展进行变革，学科建设同样需要站在时代的背景下，通过多学科之间的融会贯通与协同发展和学科自身立足中国、走向世界，助推新文科建设更好地发展。于是，现有文献针对新文科背景下的学科建设问题进行了相应的研究。如孙江（2021）指出，跨学科与去学科应是新文科建设的第一步；熊澄宇（2021）指出，新文科建设需要学科间的相互融合，达到学科构建与产业结构、社会发展的融合，以及学科建设与社会发展的同步；刘坤和李龙（2022）指出，在新文科背景下，我国高校哲学社会科学面临理论场域和话语体系的拓展与重构、学科界限和壁垒的突破与超越、研究范式和研究主体的更新与改造等问题。同时，针对新文科背景下的经济学科建设与发展，洪永淼（2021）指出，在新文科建设时代，经济学科应注重学科交叉，推动经济学科的国际交流，不断提升中国经济学的国际学术影响力；魏丽莉等（2021）指出，新文科建设对经济学提出了交叉融合、学科自新以及贴近时代的新要求。

四川外国语大学作为重庆市高水平新文科建设立项高校，近年来致力于新文科的建设与发展。国际金融与贸易学院成立于 2021 年 1 月，作为一个年轻的学院，致力培养国际化、跨学科的拔尖经济人才。为了更好地契合新文科时代对人才培养的要求，学院提出了 FIT 人才培养模式。在 FIT 人才培养模式下，学科建设同样是国际金融与贸易学院新文科建设的重要内容，加之国际金融与贸易学院国际商务专业硕士学位点已经获批为重庆市"十四五"专业学位重点学科，为学院的学科建设提供了更加良好的平台与发展契机。因此，本文将结合四川外国语大学国际金融与贸易学院的学科建设现状，重点探讨新文科背景下高校学科建设的思路、模式与路径。

二、FIT 人才培养模式下的学科建设模式分析

FIT 人才培养模式强调人才培养的国际化与数智化整合，这就意味着在学科建设中，需要构建国际化模式与数智化模式。

首先，在构建国际化模式中，学院充分利用学校国际化与强外语的特色，为学科建设打造更好的国际化平台。四川外国语大学作为国内传统的外语类院校，具有众多的国际化资源与强外语优势，这不但为学院在新文科时期充分构建国际化学科建设模式提供了更多机会，也提出了更多要求。目前，国际金融与贸易学院拥有国际商务和金融两个专业硕士学位点，拥有重庆市"十四五"专业学位重点学科国际商务，拥有校级重点学科应用经济学，这些学科的发展始终围绕培养国际化人才的核心任务，致力于提升学科自身的国际化程度。

在构建国际化模式时，一是积极引入留学生资源，提升研究生教育的国际化水平。学院的国际商务专业硕士学位点已经有招收留学生的经验，且留学生不但能够很好地融入中国学生的日常教育环境中，还积极地参加了"第七届全球大学生国际经贸与商务专题竞赛"等比赛，并获得了较好的成绩。

二是加强对学生多语种、跨文化能力的培养。学院致力于打造国际化的学科建设模式，并通过这种模式培养学生应对国际环境时的多语种、跨文化能力，其中提出了专业学位硕士"专业导师＋行业导师＋语言导师"的三导师模式。这不仅能够更好地构建国际化的学科建设模式，也充分体现了外语类院校自身多语种、强外语的优势。语言导师通过讲述不同国家的语言发展模式、文化传播模式等，能够有效拓宽学生视野。例如，邀请国际商务硕士语言导师祝朝伟教授为学生开设主题为"从'光荣与梦想'到学好英语走向世界"的讲座，为学生介绍英语翻译的相关知识和中西方语言文化，以及英

语学习过程中的学术研究方法。

三是强化学科服务地方经济国际化发展的能力。学科建设需要满足国家及地方经济发展的需求，尤其是在新文科背景下，需要能够更好地发挥作用。国际金融与贸易学院以及其前身国际商学院，一直致力学科建设为重庆市外向型经济服务，学院连续出版的"中欧班列系列蓝皮书"得到了社会各界的好评。

四是重视学科国际影响力。学院鼓励教师积极产出具有国际影响力的科研成果，提升学院学科建设的国际化能力和国际影响力。目前，学院教师每年度均能够在具有影响力的国际期刊上发表论文。

其次，在构建数智化模式中，学院积极与社会各界进行合作，加强学科在数字经济时代的融合发展。新文科建设是数字经济时代的教育变革，要转变传统观念，进行学科间的交叉融合。当前，国际金融与贸易学院的本科专业已经实现了与外语专业的交叉，而学院学科建设不仅包括与外语学科的交叉，还包括与数字经济类学科、新闻传播类学科的交叉。具体表现为以下几方面。

一是通过与大数据、区块链、金融科技等企业的深度合作，实现学科建设与数字经济前沿的交叉融合。学院通过与多个大数据、区块链、金融科技类企业进行合作，邀请行业专家到校为师生做讲座，既拓宽了师生的视野，促进了学院与企业之间在数字经济研究方面的合作，也加快了学院学科与大数据、金融科技等学科的交叉融合，有效地提升了学科的数智化建设能力。

二是举办数字化论坛及讲座，有效地推动了学科的科技化发展。国际商学院曾于 2019 年召开了"西部金融科技学科建设研讨会"，为学院学科更好地融入数字经济时代打下了基础。同时，学院通过举办各种讲坛有效地提升了学科的数智化能力。

三是加强对数字经济的研究，转变学科研究方向。在传统研究方向的基础上，学院鼓励教师积极围绕数字经济时代的数字贸易、金融科技等问题开展研究，在学术论文选题、科研申报题目选题方向上，对教师进行针对性的引导。同时，学院建立了金融科技与国际投资研究中心和数字经济与国际贸易研究中心两个院级科研机构，努力打造学院未来的学科研究方向。

三、FIT 人才培养模式下的学科建设目标分析

FIT 人才培养模式提出要实现学生跨文化交际能力、跨学科思维能力、跨专业应用能力的提升的要求，这既是人才培养模式的目标，也是学科建设的目标。

首先，通过人才培养的国际化理念，实现学生跨文化交际能力的提升和学科建设的跨文化目标。如前所述，国际化既是学校与学院的资源、优势所在，也是外语类院校在新文科背景下人才培养的根本任务与重中之重。因此，学院需要进一步通过打造学科的国际化特色，加强国际交流等途径，提升办学的国际化程度。

一是需要进一步加强学院与国外院校之间的合作。在提升学生跨文化交际能力的过程中，鼓励学生"走出去"一直都是有效的路径，因此学院应进一步拓展国际合作，为学生提供更多的国际交流机会。此外，在"走出去"的同时还需要"引进来"。学院应引入更多留学生，让留学生充分融入中国学生中，这对于锻炼学生的跨文化交际能力同样有效。

二是把握学科发展的国际化方向。如针对中国外向型经济发展、中国产业走出去、国际贸易等问题的研究，一直都是学院的重点研究方向。在新文科背景下，学院教师应进一步加强在这些问题上的研究，并且应致力在国际期刊讲好"中国经济故事"。

其次，在学校内部开展跨学科、跨专业合作。新文科建设鼓励学科之间的交叉融合，因此，学院应鼓励不同学科、不同研究方向的教师进行交流，产出更多的成果。

可从两方面着手，一是需要加强跨学科合作。当前学院在跨学科合作方面，主要是与商务英语学科合作，接下来应以更广阔的视野，与更多的学科开展合作。例如，学院现有学科可以加强与新闻传播学科的合作，开展中国经济故事国际传播方面的研究，这是学科交叉可以有所突破的方向。二是加强跨学科知识的传授。应致力对学生跨学科能力的培养，这种培养需要通过

专业课和讲座的形式长期进行，以此扩大学生的视野。学院现设有专门为研究生开设的"文英讲坛"，这一讲坛已经成为学院研究生教育的品牌。进一步，应通过"文英讲坛"为学生提供更多的与新文科教育主题相关的讲座，让学生掌握跨学科、跨专业的综合知识。

最后，通过多模式的校企合作，实现学生跨专业应用能力的提升和学科建设服务地方经济发展的建设目标。新文科建设讲究培养人才的应用能力，通过更多的校企合作，打通人才培养与行业的"最后一公里"。因此，学院应为学生提供更好的提升人才应用能力的环境。

一是加强与企业间的深度合作。学院目前已经与 10 余家企业建立了合作关系，合作包括打造实习实践基地、为学生提供实习实践机会等。但是，现有的校企合作无论是在合作数量还是合作深度方面都有所欠缺。学院还会拓宽合作途径，为学生提供更多的合作企业选择。同时，在合作内容方面，除了为学生提供实习实践机会，还应加强教师与企业之间的合作，使其在实践中拓展研究方向与研究内容。

二是加强与数字经济类企业的深度合作。在新文科建设背景下，学院应加强与大数据、区块链、金融科技类企业的合作，这些企业本身就是新一轮科技革命下的新生企业，与这一类企业的合作能够更加有效地提升学生在数字经济领域的能力，也能够提升学科建设服务地方经济发展的能力。

四、FIT 人才培养模式下的学科建设路径分析

FIT 人才培养模式通过国际化与数智化的模式，以实现学生跨文化交际能力、跨学科思维能力、跨专业应用能力的提升为目标，致力培养拔尖金融经济学人才。为了实现培养目标，国际金融与贸易学院未来学科建设的路径包括以下方面。

一是加强学科间的交叉融合，实现现有学科的跨学科发展。学院将在现有学科建设的基础上，进一步加强与学校内其他学科之间的交叉融合，如与商务英语学科、语言智能学科、新闻传播学科等的交叉融合，既确保经济学科专业知识融入其他学科中，也保证其他学科知识进入经济学科的课堂中，

以此实现新文科倡导的跨学科发展。加大不同学科教师在科研活动中的合作力度，拓展研究的视角，探索多学科共同研究的方法，共同实现科研成果的产出，实现跨学科建设的落地。

二是加大学科建设的国际化与数智化力度，确保学科建设更好地服务地方经济发展需要。在现有学院科研机构建设的基础上，加强学院在数字经济、数字金融、数字贸易等方向的研究，引导教师在相关方向产出更多成果。同时，加强对"中国经济故事走出去"的研究力度，进一步实现学科方向的国际化。

三是加强校企合作，提升学科建设的应用型效果。如前文所述，学院需要进一步加强与大数据、区块链、金融科技等数字技术类企业的合作，不仅为学生提供更多的实习实践机会，也为教师提供与企业合作的机会，不仅打通学生与行业之间的"最后一公里"，也打通教师与行业之间的"最后一公里"。

四是加强教师培养，提升教师对新文科建设的适应能力。新文科建设不仅对学校、学院、专业提出了挑战，对教师也提出了新的挑战。对于教师来说，传统的教学内容、教学方法已经无法适应新文科的要求，传统的研究内容、研究思路、研究方法同样也已经落后。这就意味着，教师需要不断地进行学习与提升，如需要学习大数据技术、Python 技术等，并利用这些新的技术进行科研活动，更好地适应新文科时代的科学研究工作。

参考文献

[1] 张俊宗. 新文科：四个维度的解读 [J]. 西北师大学报（社会科学版），2019（5）：13 – 17.

[2] 樊丽明. "新文科"：时代需求与建设重点 [J]. 中国大学教学，2020（5）：4 – 8.

[3] 龙宝新. 中国新文科的时代内涵与建设路向 [J]. 南京社会科学，2021（1）：135 – 143.

[4] 金祥荣，朱一鸿. 新文科建设：背景、内涵与路径 [J]. 宁波大学学报

（教育科学版），2022（1）：18－21.

［5］孙江. 跨学科与去学科："新文科"的第一步从何处开始［J］. 探索与争鸣，2021（10）：13－15.

［6］熊澄宇. 关于新文科建设及学科融合的相关思考［J］. 上海交通大学学报（哲学社会科学版），2021（2）：22－26.

［7］刘坤，李龙. 重构与推进：新文科背景下的高校哲学社会科学变革［J］. 学位与研究生教育，2022（1）：21－30.

［8］洪永淼."新文科"和经济学科建设［J］. 新文科教育研究，2021（1）：63－81.

［9］魏丽莉，陶杰，魏志鹏. 新文科建设背景下经济学的融合发展——基于循证逻辑的证据研究［J］. 兰州学刊，2021（10）：18－34.

新文科背景下金融学一流本科
专业建设思路探讨[*]

陈银忠

摘　要： 一流本科专业建设基于"一流本科教育"提出，是"双一流"建设的基础任务。新文科建设是为了回应新时代对文科建设的诉求而提出的。金融作为经济社会发展的血脉，是一流本科建设的组成部分。在新文科背景下，如何推动金融学一流本科专业建设是一个值得深入思考和探讨的问题。为此，本文在对一流本科专业建设与新文科建设提出的历史背景进行阐释的基础上，从注重创新能力培养、打造一流本科专业建设新框架和强化价值引领等方面提出了新文科背景下金融学一流本科专业建设的思路。

关键词： 新文科建设　金融学　一流本科专业

一、引言

近年来，为了提高本科人才培养质量，回归高等教育的本质职能，相关部门不断突显本科人才培养的重要性。在"一流本科教育"概念的基础上，启动了一流本科专业建设的"双万计划"。根据政府部门的顶层设计，建设具有中国特色的、世界一流的高水平本科专业是"双一流"建设的重要任务，也符合当前世界高等教育改革和发展的潮流。为了回应新时代对文科人才培养的诉求，《新文科建设宣言》明确提出了新文科建设的总体目标："推动文

---

　*　本文系重庆市 2022 年高等教育教学改革研究项目"新文科建设背景下重庆本科院校金融学专业人才培养模式创新研究"的阶段性研究成果。

科教育创新发展，构建以育人、育才为中心的哲学社会科学发展新格局，建立健全学生、学术、学科一体的综合发展体系，推动形成哲学社会科学中国学派，创造光耀时代、光耀世界的中华文化，不断增强自信心、自豪感、自主性，提升影响力、感召力、塑造力。"金融学专业作为一流专业建设的组成部分，在新文科背景下如何进行专业建设值得深入思考和探讨。

二、一流专业建设的提出

培养人才是高等教育之本（吴岩，2017）。从全球高等教育功能演化的角度看，以"书院"方式培养人才的高等教育机构，最早可以追溯到北宋开宝九年（976），潭州太守朱洞在僧人办学的基础上，由官府捐资兴建了岳麓书院。意大利的博洛尼亚大学是最早以"大学"名义培养人才的高等教育机构（杨胜刚，2021）。世界高等教育近千年来的发展充分表明，培养人才是高等教育机构非常明确的职责。高等教育的诞生和发展与经济社会的发展联系紧密。为了更好地服务经济社会发展，高等教育机构也被赋予越来越多的衍生职能。1810 年，德国柏林洪堡大学率先提出了高等教育机构应该担负"科学研究"的使命；20 世纪初，美国威斯康星大学倡导高等教育机构还应该有"服务社会"的职能。高等教育机构职能的不断衍生，逐渐掩盖了高等教育机构最本质的职能——培养人才，使作为高等教育机构培养人才基石的本科教育，逐渐被高等教育机构忽视。

为了推动高等教育机构重视本科教育，促使高等教育机构回归本质职能，1998 年，美国卡内基教学促进基金会发布了《重塑本科教育：美国研究型大学发展蓝图》（博耶报告），2001 年又发布了《重塑本科教育：博耶报告三年回顾》。这两份报告不仅引发了美国研究型大学对本科教育的高度关注，还推动了本科教学的改革和创新。2016 年，英国教育部发布的《英国高等教育白皮书》提出"教学卓越框架"，强调了教学与研究具有同等的地位。

21 世纪以来，我国高等教育普及化进程的快速推进，以及重科研轻教学的高等教育评价指标体系的设置，一定程度上削弱了我国本科教育的受重视程度。为了促使高等教育机构重新重视本科教育和本科人才培养，《国家中长期教育改革和发展规划纲要（2010—2020 年）》中明确提出，要全面实施"高等学校本科教学质量与教学改革工程"。2018 年 6 月 21 日，教育部在四川省成都市召开新时代全国高等学校本科教育工作会议，会议上强调要坚持"以本为本"，推进"四个回归"，加快建设高水平本科教育、全面提高人才培养能力，造就堪当民族复兴大任的时代新人。同时，为了贯彻落实党的十九大精神，加快"双一流"建设，根据国务院印发的《统筹推进世界一流大学和一流学科建设总体方案》和教育部、财政部、国家发展改革委联合印发的《统筹推进世界一流大学和一流学科建设实施办法（暂行）》，教育部、财政部、国家发展改革委于 2018 年 8 月 8 日印发了《关于高等学校加快"双一流"建设的指导意见》，在"培养拔尖创新人才"中明确提出："率先确立建成一流本科教育目标，强化本科教育基础地位，把一流本科教育建设作为'双一流'建设的基础任务，加快实施'六卓越一拔尖'人才培养计划 2.0，建成一批一流本科专业。"在"完善评价和建设协调机制"中明确指出："探索建立中国特色'双一流'建设的综合评价体系……把一流本科教育作为重要内容。"2018 年 9 月 17 日，教育部发布《教育部关于加快建设高水平本科教育全面提高人才培养能力的意见》，强调加快建设高水平本科教育，总体目标是到 2035 年，形成中国特色、世界一流的高水平本科教育，在"大力推进一流专业建设"部分明确提出"实施一流专业建设'双万计划'"，即以建设面向未来、适应需求、引领发展、理念先进、保障有力的一流专业为目标，建设 1 万个国家级一流专业点和 1 万个省级一流专业点，引领支撑高水平本科教育。"双一流"高校要率先建成一流专业，应用型本科高校要结合办学特色努力建设一流专业。

为深入落实全国教育大会和《加快推进教育现代化实施方案（2018—2022 年）》精神，贯彻落实新时代全国高等学校本科教育工作会议和《教育部关于加快建设高水平本科教育全面提高人才培养能力的意见》以及"六卓越一拔尖"计划 2.0 系列文件要求，推动新工科、新医科、新农科、新文科建设，做强一流本科、建设一流专业、培养一流人才，全面振兴本科教育，提高高校人才培养能力，实现高等教育内涵式发展，2019 年 4 月 2 日，教育部办公厅发出了《教育部办公厅关于实施一流本科专业建设"双万计划"的通知》，全面实施"六卓越一拔尖"计划2.0，启动一流本科专业建设"双万计划"。"双万计划"面向各类高校，面向全部专业，分年度开展一流本科专业点建设。主要任务是：2019—2021年，建设1万个左右国家级一流本科专业点和1万个左右省级一流本科专业点。

三、新文科建设溯源

美国西拉姆学院于2017年率先提出了新文科概念，并指出新文科是对传统文科进行重组、文理交叉，为学生提供综合性的跨学科教育的学科。就我国而言，2018年8月，中共中央提出"高等教育要努力发展新工科、新医科、新农科、新文科"（以下简称"四新"），正式提出新文科这一概念。2019年4月29日，教育部、科技部、财政部等部门在天津市联合召开"六卓越一拔尖"计划2.0启动大会，这标志着我国"四新"建设工程正式开启。由此，新文科也从概念提出走向正式实施。2020年11月3日，教育部在山东省威海市组织召开了新文科建设工作会议，正式吹响了新文科建设的集结号。在会上发布了《新文科建设宣言》。《新文科建设宣言》从提升综合国力、坚定文化自信、培养时代新人、建设高等教育强国、文科教育融合发展五个方面指出了新文科建设的重要性和紧迫性。

新文科提出后引起了学界和高等教育界的广泛关注和探讨。那么新文科与传统文科相比"新"在哪里呢？其具体内涵是什么？学者们针对这些问题展开了深入解读和分析。吴岩（2020）认为，新文科就是文科教育的创新发展，目的是要培养知中国、爱中国、堪当民族复兴大任的新时代文科人才，培育新时代社会科学家，构建哲学社会科学中国学派，创造光耀时代、光耀世界的中华文化。樊丽明（2019）认为，新文科主要体现在新科技革命与文科的融合化发展，历史新节点与文科新使命，进入新时代与文科中国化，全球新格局和文科国际化。夏文斌（2019）强调，新文科的四"新"内涵：一是服务国家战略上有新要求；二是促进学科的交叉和融合；三是高水平的人才培养体系；四是人文精神的现代传承。黄启兵和田晓明（2020）认为，新文科在新时代背景下至少应体现新技术的发展、新需求的产生、新国情的要求。龙宝新（2021）认为，新文科是文科集群化丛生的学科共生体，是中国价值内联而成的学科集成体，是全面释放文科内能的学科功能体，新文科具有时代性、中国性、世界性与技术性。王建伟和马金福（2022）指出，新文科的内涵主要体现在要紧扣新时代中国发展需求，要在学科体系、学术体系上有所创新，要落实在"立德树人"根本任务上。综合而言，新文科是在新时代下为回应时代的诉求，对传统文科提出了新的需求和改造，是一种基于传统文科而又超越传统文科，以新时代、新经济与新产业为背景，融合了理、工等诸多外部学科要素的包容性学科框架（段禹和崔延强，2020）。

四、新文科背景下金融学一流本科专业建设的思路

金融学一流本科专业建设是"双一流"建设的基础任务，是基于"一流本科教育"而提出的。站在"两个一百年"奋斗目标、金融业在我国经济发展和国家安全中的重要地位和金融业发展的大趋势与金融科技创新的现实背景下来看，金融学一流本科专业建设具有紧迫性（杨胜刚，2021）。新文科建设是对新技术的发展、新需求的产生、新国情的要求的回应。金融业是新技术应用最广泛的行业，同时也是与经济社会发展联系最紧密的行业，不仅关系到国家经济发展和安全，也反映了金融科技创新的最新进展。为此，在新文科背景下，金融学专业的人才培养是最能体现新需求、新技术和新国情的。那么在新文科背景下如何开展金融学一流专业建设呢？为了回答这个问题，本文将从注重创新能力培养、打造一流本科专业建设新框架和强化价值引领等方面探讨新文科背景下金融学一流本科专业建设的基本思路。

（一）注重创新能力培养

金融学是创新性极强的学科专业，提升金融学一流本科专业学生的创新能力，是在新文科背景下培养高质量金融学人才的重要手段。金融领域的特殊性使得从事金融活动时既要考虑获取收益，又要考虑合理规避风险。因此，需要时刻在风险与收益之间进行权衡，并对风险保持高度的警惕和敬畏。金

融是社会经济发展的血液，社会经济的快速发展需要金融领域不断创新以提供更好的金融服务，而这种创新需要由受过专门训练且具有相当创新能力的金融学人才来推动。伴随着新一代信息技术不断渗透和应用于金融领域，互联网金融、区块链金融、智能投顾等新业态、新模式不断涌现，迫切需要培养具有较强的创新能力的金融学专业人才。新文科建设因应于新的时代背景，其内涵涵盖了创新之意。为此，应提升金融学专业人才的创新能力，让创新成为新文科建设背景下金融学一流专业建设的着力点。创新能力的提升除了教授基本的金融学专业理论知识，还应重视实践教学环节，尤其是专业课程的实践教学，因为专业课程的实践教学可以实现创新教育与金融学专业教育的有机融合。

（二）打造一流专业建设新框架

在以互联网、大数据、人工智能等为代表的新一代信息技术的引领和推动下，金融业逐渐从金融信息化时代进入金融智能化时代。互联网金融、金融科技等新业态、新模式的兴起，使得金融与经济社会各方面（如经济、政治和文化等）的联系日益紧密，仅按照单一的金融学专业思维来指导人才培养，显然已不适应新时代对金融学专业人才培养的要求。同时，随着新一代信息技术的应用，以及金融活动和金融业务的不断创新，金融市场日益呈现出人才高端化、交易和监管技术化、产品复杂化和方法工程化的特征，金融市场业务也已成为经济学、管理学、工程学、数学、计算机科学和统计学等的大拼盘（杨胜刚，2021）。在此新背景下，对金融学专业人才的培养也提出了新的要求。为此，高等教育机构针对金融学专业人才培养要有开拓意识，同时要扩大视野，并结合新技术的发展情况，注重金融学专业与其他学科专业的交叉融合，不能单纯地把金融学当作一个独立的学科专业来看待，要在专业综合改革的基础上，摆脱学科之间的条块分割，打破固有的宏观金融与微观金融间以及不同学科专业之间的泾渭分明的常规。通过开设大数据、云计算、人工智能、区块链、网络信息技术、人文历史等相关课程，强化学科的交叉融合，以新文科建设的视角重新打造一流金融学专业建设的新框架，培养具备人文素养、技术素养和专业素养的复合型金融学专业人才。

(三) 强化价值引领

习近平总书记在全国高校思想政治工作会议上强调，要用好课堂教学这个主渠道，使各类课程与思想政治理论课同向同行，形成协同效应。同时，《新文科建设宣言》明确提出了强化价值引领的目标：牢牢把握文科教育的价值导向性，坚持立德树人，全面推进高校课程思政建设，推动习近平新时代中国特色社会主义思想进教材、进课堂、进头脑，提高学生思想觉悟、道德水准、文明素养，培养担当民族复兴大任的新时代文科人才。相较而言，金融业本身所具有的特殊性决定了培养树立正确价值观的金融学人才具有更加重要的意义。因此，在金融学专业人才培养过程中应更加重视课程思政教育，在积极主动融入思政教育的基础上，不断提炼其中所蕴含的人文精神和价值范式，以中国特色社会主义思想引领学生树立正确的价值观。此外，专业教师作为实施思政教育的主体，提升专业教师的价值引领能力对学生树立正确的价值观至关重要。因此，为提升和充分发挥专业教师的价值引领能力，应将课程思政教育纳入金融学专业教师的年度考核和职称评审中。同时，辅以相应的物质奖励，通过将短期奖励与长期激励相结合的方式，引导金融学专业教师在教学过程中积极主动地融入思政元素。在强化学生价值引领的基础上，利用思政课程提升学生价值理念，增强其学习动机，培养其健全人格和积极心态，提升其抗压能力，为锻造新时代下金融学专业人才奠定基础。

参考文献

[1] 吴岩. 一流本科 一流专业 一流人才 [J]. 中国大学教学, 2017 (11): 4 - 12, 17.

[2] 杨胜刚. 关于加快一流本科专业点建设的思考——以金融学专业为例 [J]. 中国大学教学, 2021 (8): 35 - 41.

[3] 吴岩. 新文科学科没做好, 高等教育不能说好 [EB/OL]. (2020 - 11 - 03) [2021 - 01 - 03]. https: //baijiahao. baidu. com/s? id = 1682326642688041466&

wfr = spider&for = pc.

［4］樊丽明. 对"新文科"之"新"的几点理解［J］. 中国高教研究，2019
（10）：10－11.

［5］夏文斌. 新文科新在何处［J］. 石河子大学学报（哲学社会科学版），
2019（6）：封3.

［6］黄启兵，田晓明. "新文科"的来源、特性及建设路径［J］. 苏州大学
学报（教育科学版），2020（2）：75－83.

［7］龙宝新. 中国新文科的时代内涵与建设路向［J］. 南京社会科学，2021
（1）：135－143.

［8］王建伟，马金福. 新文科内涵、建设路径和实施策略——以北方民族大
学为例［J］. 北方民族大学学报，2022（2）：158－163.

［9］段禹，崔延强. 新文科建设的理论内涵与实践路向［J］. 云南师范大学
学报（哲学社会科学版），2020（2）：149－156.

新文科背景下经济类"国际化＋数智化"人才培养路径研究[*]

董竞飞

摘　要： 本文聚焦于新文科建设背景下高校经济类"国际化＋数智化"人才培养的探讨。通过对我国高校经济类专业人才培养模式现状的分析，提出新文科建设背景下经济类专业人才培养应遵循"国际化＋数智化"的培养要求，强化学科交叉，树立"一专多能、一精多会"的人才培养目标。目前，经济类专业人才培养目标很难落实到位，定位缺乏前瞻性，课程体系设置不清晰，教学内容相对滞后，教学手段相对落后，人才培养重理论、轻实践等问题突出。本文在对以上问题进行分析之后，阐述了新文科建设背景下经济类"国际化＋数智化"人才培养路径，为相关专业人才培养提供了经验借鉴。

关键词： 人才培养　国际化　数智化　新文科

一、引言

随着全球化的进一步发展，国与国之间的联系愈加紧密，综合国力的竞争愈加激烈，对人才的需求越来越高，高校国际化逐渐成为世界各国高等教育发展的基本战略。国际化已成为一流高校的特征，一方面是高等教育在全球化时代发展的必然结果，另一方面是世界范围内知识经济发展的基本要求。全球化时代要求大学生具备国际视野、跨文化交流沟通能力和融入多元化群

＊　本文系重庆市 2024 年高等教育教学改革研究项目"'复合型＋数智化'数字经济专业人才培养体系研究""'新文科'背景下外语院校数字思政教育的实现路径研究"的阶段性研究成果。

体的能力等。以互联网、大数据、云计算、人工智能为代表的新一代数字化信息技术的发展催生了以跨界融合为特征的新经济、新产业、新业态，推动经济社会各领域数字化升级、智能化跃迁。《中国教育现代化2035》中提出，要加快形成现代化的教育管理与监测体系，推进管理精准化和决策科学化。教育部学校规划建设发展中心明确以"数智化"为主题，进行高校专业规划建设、人才培养专项规划。《新文科建设宣言》的发布，标志着我国正式将新文科建设提上了日程。新文科建设应通过对传统学科、课程体系、教学模式进行改造和升级，实现人才培养模式的全面发展。"十四五"规划指出，要"加快数字化发展，建设数字中国"。加快数字化发展，要打造数字经济新优势，协同推进数字产业化和产业数字化转型。

在这一背景下，以学科化、专业化、精细化为主导的传统的经济类专业高等教育受到了严峻挑战，也迎来了发展的新机遇。对人才培养标准、教学理念、教学模式、课程体系、人才培养模式的持续优化与创新成为时代潮流。培养适应新时代发展需要的新经济人才，已经成为经济类专业人才培养的新命题。因此，在新时代与新形势下，树立先进的"国际化＋数智化"人才培养理念，探索经济类人才培养路径尤为重要。

二、经济类专业人才培养模式现状分析

（一）人才培养目标定位

目前，国内高校对于经济类本科专业人才培养目标的设定，主要包含思想道德、专业理论基础、综合实践技能水平三个方面。一般定位为培养具有良好的思想品德和道德修养，自觉践行社会主义核心价值观，具有扎实的经济学专业基础知识和基本理论，掌握现代经济学的基本方法，熟悉中国经济运行与改革实践，具有国际视野和创业能力的高素质经济学专门人才。各高校由于社会需求、自身办学条件和办学特色的不同，人才培养的目标定位也不同，主要有研究型、应用型、复合型人才等。"双一流"高校以培养研究型人才为主，具有行业特色的院校更注重应用型人才的培养，财经政法类院校

注重复合型人才的培养。

（二）课程体系

目前我国高校经济类专业课程体系通常依据《普通高等学校本科专业类教学质量国家标准》进行设置，一般分为理论教学与实践教学两部分。理论教学包括思想政治理论课程、通识课程、专业课程、任意选修课程；实践教学包括专业实验和实训（含就业指导）、专业实习、社会实践（含创新创业实践）和毕业论文。

在理论教学课程中，思想政治理论课程涵盖了马克思主义基本原理概论、毛泽东思想和中国特色社会主义理论体系概论、中国近现代史纲要、思想道德修养与法律基础、形势与政策；通识课程包括大学语文与写作、外语、数学、计算机操作与数据库应用、创新创业教育、体育，以及人文学科、管理、法律、自然科学和工程技术等方面的课程；专业课程包括专业基础、必修、选修课程，主要涵盖政治经济学、微观经济学、宏观经济学、计量经济学、金融学、财政学、统计学、会计学、管理学、产业经济学、区域经济学、消费经济学、环境经济学、数理理论与方法、经济学方法论等。

实践教学部分包括专业实验性质的课堂教学，如专业实训，以及专业实习和社会实践等。其中，专业实验和实训主要是根据实际教学需要，利用专业实验室、实训基地，开设独立的实验、实训课程或环节。专业实习是根据专业特点和就业需要，利用专业实习基地、实践教学基地进行。社会实践主要包括社会调查、创新创业实践、勤工助学、公益活动和生产劳动等。毕业论文通过学术论文、案例分析和调研报告等形式完成。

（三）课堂教学模式

课堂教学是教学工作最重要的形式，一般而言，教师的课堂教学分为课前、课中、课后三个阶段。在课前准备阶段，教师根据教学大纲备课、编制教学进度表、明确辅导与答疑时间等；在课中授课阶段，主要根据教学内容，对知识点、难点、重点进行讲解与分析，课中教学强调多种教学法的运用；

在课后辅导与反思阶段，主要是对课堂教学进行反思与评价，对学生在专业知识学习与掌握中存在的问题进行辅导，对教学效果与质量进行评估，为下一节的教学做好准备。

目前，教师在经济类专业课堂教学中常常能够运用启发式、讨论式、参与式等多种教学方法。在教学手段上鼓励教师利于新技术、新工具辅助教学，如多媒体教学、模拟仿真教学等。

（四）第二课堂活动

第二课堂活动是高校基于人才培养目标进行的各种有组织、有计划、有目的的课外实践育人活动，在"大众创业、万众创新"的时代背景下对高校育人体系发挥着越来越重要的作用。相比于第一课堂，第二课堂更注重学生的兴趣养成、情操陶冶、人格塑造、品格锻炼、创新创造能力提升，对学生的未来职业发展有关键性影响。目前高校普遍开展的第二课堂活动涵盖了思想成长引领、社会实践活动、公益志愿服务、校园文化活动、创新创业竞赛、专业技能训练、岗位实践实习等内容，形式多样，特别增加了劳动教育的内容。

三、新文科背景下经济类专业人才培养诉求

（一）"国际化＋数智化"人才特征解析

新文科背景下经济类专业人才培养应遵循"国际化＋数智化"特征。其中"国际化"强调学生应具备综合素质与技能，"数智化"强调学生应具备新经济时代的专业技术知识与水平。具备这两方面的特征是新文科背景下经济类专业人才培养目标的核心诉求。

具体而言，"国际化"人才应具备较广的国际视野，在语言赋能专业理论知识学习的基础上，将中国经济发展问题纳入国际体系中认识与分析，能够从中国视角对全球经济问题进行解读；具备较强的民族责任感，具备个人发展诉求与民族振兴、人类进步相结合的能力，进而具备全球化的思维能力。

在新时代背景下，大数据和人工智能技术已成为对经济类专业人才的知识诉求，大学毕业生面对的工作情境可能是数智营销、智能制造、智慧供应链的场景。经济类专业学生只有具备数智化的知识素养与储备，才能掌握分析和解决经济管理问题的重要研究方法与工具。

（二）学科交叉，"一专多能、一精多会"人才需求

高校专业人才培养注重知识、技能、素养三方面，在新文科建设背景下，特别强调这三方面的综合与互补，从而实现人才培养目标。其中，知识方面的内容不仅能使学生掌握传统学科与专业的理论知识，更为重要的是引领学生了解新技术、新经济、学科发展的最新知识结构；技能方面重点强调学生能够运用所学的专业知识解决现实工作情境中的具体问题，具备应用研究方法解决现实问题的实践能力；素养方面重点强调培养学生的综合素质，强调实现专业素质与个人素质的提高。"一专多能、一精多会"的国际化复合型人才是时代发展的需要，经济类专业人才的培养只有通过学科间的交叉融合，才能实现以上目标。

四、新文科背景下经济类专业人才培养存在的问题分析

目前经济类专业人才培养模式主要涵盖人才培养目标定位、课程体系建构、教学手段与方法运用三个方面。新的时代背景下，传统经济类专业人才培养方案、培养模式以及教学内容与新文科建设目标差距较大，无法满足新时代对大学生专业素养与综合技能的要求，其存在的问题主要表现在以下四个方面。

（一）人才培养目标很难落实到位，定位缺乏前瞻性

随着行业不断发展，技术不断革新，各领域需要更加专业、知识体系更为系统、综合素养与技能更高的专业技术人才。目前国内高校对于经济类专业人才培养的重点是突出复合型、应用型人才的培养，但在具体的培养过程中很难落实到位。一方面，在复合型人才的理解方面不同高校存在巨大差异；

另一方面,人才培养目标定位缺乏前瞻性,往往滞后于时代发展要求,特别是对于创新型、数智化、国际化人才培养目标的认识不到位,造成培养出来的人才缺乏竞争力、创新性。

(二) 课程体系设置和教学内容落后

从人才培养的课程体系来看,目前经济类专业课程虽然涉及面广,但仍以专业理论课程为主、实践实训课程为辅。一般而言,专业理论课程的比重达到80%以上,实验、实训、实践等综合技能运用方面的课程所占的比例不足20%。课程内容方面,理论知识严重落后于行业企业的发展需求,很难及时将学科发展前沿引入教材与课堂中,无法满足不同职业的需要,造成学生学得多、用得少,专业方向边界模糊,人才专业技能的提升难以实现。

(三) 教学手段落后

从教学手段与方法运用来看,传统的教学依然采用课堂教学为主、实践教学为辅,教师讲解为主、学生自学为辅的模式。这种教学手段不利于学生自主学习能力的提高,也不利于对学生运用专业知识认识问题、分析问题、解决问题能力的培养。随着互联网技术的发展、5G时代的到来,线上教学、混合式教学、虚拟仿真教学得以实现,借助新技术丰富传统教学手段已是大势所趋。

(四) 人才培养重理论、轻实践

在目前的经济类人才培养过程中,重理论、轻实践是大多数高校的教育现状。一方面,由于实践课程教学在教学设计、教学时间投入、教学内容等方面要求更高,同时,实践教学需要特殊的教学设备与条件,如实验室、实习实践教学基地等,很多开设经济类专业的高校较少开展实践教学,而多以课堂教学代替,进而造成高校经济类专业的实践教学课时量远低于课堂教学课时量,学生无法学以致用,不能很好地将课堂所学的理论知识应用于实践;另一方面,学校在"双师型"教学团队的建设方面没有足够重视,很多经济类专业教师一毕业就进入高校工作，有实践经验的专业教师较少，具备实践教学能力的师资力量匮乏加剧了在人才培养过程中重理论、轻实践的问题。

五、新文科背景下经济类"国际化＋数智化"人才培养路径

人才培养模式解决培养什么样的人、用什么培养人、怎样培养人、培养的人怎么样等问题，具体而言就是在价值层面解决培养目标问题，在内容要素层面解决培养内容问题，在行为层面解决教育方式问题，在评价要素层面解决人才培养的评价问题。因此，对于人才培养路径的理解可谓贯穿人才培养始末，涵盖人才培养过程的设计、建构和评价。新文科建设背景下，经济类"国际化＋数智化"人才培养路径应从以下四方面展开。

（一）设置以"国际化＋数智化"为核心的人才培养目标

随着新技术、数字人文、人工智能的迅猛发展，信息技术正在重塑对经济类专业人才技能的需求，新文科跨界融合的教育理念，既有助于突破高质量人才匮乏的瓶颈，也有利于创新经济类高等教育人才培养机制。在此背景下，经济类各专业融合，边界不再清晰，加快经济类专业知识与数智化云技术的跨学科融合已是大势所趋，这就要求高校在人才培养中改变固有思想，重新明确人才培养目标与定位，建构新的教学体系，加强课程和教材建设，培养德才兼备、素质全面及拥有跨学科融合能力的人才。

（二）设置多样化的教学内容

教学内容与教学体系重在回答用什么培养人，高校要培养"国际化＋数智化"的经济类人才，最有效、最直接的载体就是科学合理的课程设置。将"国际化＋数智化"人才培养理念通过多样化的教学内容呈现，形成聚焦创新精神、具备国际视野的教学体系。重点突出学科的前沿性、交叉性和融合性，设置一些具有交叉性的课程，实现专业课程的定向培养与交叉培养相结合。借助信息化方式和互联网手段，高校之间可以建设一些互相认可的网络课程、交换课程，给学生提供更多的交流机会，支持拥有不同文化背景的学生学习，

支持国际化教育。围绕"国际化＋数智化"经济类人才培养目标，在课程设置方面可增加基础理论类、技术类和应用类三大类课程，具体的课程设置见表1。

表1   **课程设置**

课程类型	主要课程
基础理论类	信息管理学基础、信息技术导论、信息资源管理、数据库管理、财务管理、管理统计学、西方经济学、运筹学、项目管理、知识管理、数据结构、数据科学概论、数据安全和隐私、数据基础设施等
技术类	信息安全技术、WEB 应用技术、计算机网络原理与技术、信息检索、信息与数据科学、管理信息系统、程序开发语言（JAVA 语言、VB 语言、C＋＋语言）、数据科学、大数据分析、数据可视化、数据挖掘、机器学习、大数据技术等
应用类	信息系统设计与开发，程序设计，信息组织，信息服务与用户，数据库应用，ERP 原理与应用，电子商务，信息计量学，社会调查与统计分析，大数据应用和分析，大数据软件和项目，商务智能，移动智能与业务，信息构建与信息交互，大数据技术在互联网、金融、商业、医疗、科研等领域的应用等

（三）创新教育教学模式与方法

新文科建设背景下，新一代学习主体的学习环境、学习方法、学习模式已发生了重大变化，特别是由于互联网技术发展，新生代学生的学习习惯已与互联网线上自主学习紧密结合。传统的教学方法和理论经验已无法适应新的环境，因此，高校应与时俱进不断改进教学模式与方法。一方面，传统面对面的授课模式对于学生理论知识的理解与掌握具有不可替代的作用。因此，提高教师线下授课的水平与技能，发掘课堂面授的技巧，采用灵活多样的课堂教学手段与方法，最大限度地吸引学生加入课堂学习，这些很有必要。另一方面，打破传统课堂面授方式，提高实验、实践、第二课堂教学在课程体系中所占的比例，大力开发模拟实务操作类课程，虚拟仿真类课程，基于平台的线上课程，使教师的教、学生的学不再局限于一定的时空范围内，激发学生自觉、自愿、自主学习，建构以技能提升为核心目标的创新教学模式。

（四）完善专业人才培养评价体系

目前我国高校经济类专业人才培养评价体系尚未建构起来，各高校依据自身的学科专业建设特点建立的人才培养评价体系存在单向化、片面性、单一化、滞后性等弊端，尚未形成比较完整统一的经济类"国际化＋数智化"人才培养评价体系。具体表现在两个方面：一方面是评价标准的片面性，过分注重个别评价指标的作用，不能真正体现对人才培养质量与过程的评价；另一方面则是评价方式的单一化，评价主要来自教育主管部门主导的教学专业评估，很少考虑教学过程核心主体教师与学生的诉求。特别是我国高校对经济类专业实践教学的管理普遍存在考核评价体系失之于宽、失之于松的问题。

参考文献

［1］胡艳丽，白亮，谭真，等．面向大数据人才培养的融合式教学模式［J］．高等教育研究学报，2020（1）：101－103，120.

［2］吕素香，倪国华．经济类专业新文科建设的探索与实践［J］．北京教育（高教），2021（5）：49－51.

［3］徐文篆．基于产学研合作的我国经济类人才培养模式探析［J］．科技经济市场，2021（11）：126－127.

［4］钱力，汪琛琛，郑秀文．"新经管"建设背景下经济类专业人才培养模式研究［J］．宁波工程学院学报，2020（3）：83－89.

［5］段禹，高怡楠．教育学本科人才培养的目标定位与模式创新——基于新文科建设的视角［J］．教师教育学报，2020（5）：112－118.

［6］罗艳梅，王丹．产教融合背景下经济管理类专业多层次校企合作模式探索研究［J］．黑龙江教育（理论与实践），2022（2）：43－44.

［7］韩丽丽．经济类专业课程思政建设的实现路径探索［J］．思想理论教育

导刊，2022（5）：126-131.

［8］沈黎勇，齐书宇，费兰兰. 高校产教融合背景下人才培育困境化解：基于 MIT 工程人才培养模式研究［J］. 高等工程教育研究，2021（6）：146-151.

［9］刘卫东，黄蕾，冯若雯. 基于 OBE 人才培养模式的本科教学质量管理体系重构［J］. 国家教育行政学院学报，2021（10）：19-30.

［10］夏立，李强，黄爱华，等. 基于"分层分级"课程体系的个性化人才培养模式研究［J］. 高等工程教育研究，2021（4）：118-124.

［11］张志远，刘炎欣. 地方本科高校人才培养模式改革的实践探索［J］. 重庆高教研究，2021（2）：95-102.

［12］张国平. 新商科人才培养模式与实现路径［J］. 中国高等教育，2021（2）：43-44，50.

［13］张国琛，彭绪梅，高巍，等. "一体两翼"新工科国际化人才培养模式改革［J］. 高教发展与评估，2022（3）：104-111.

［14］徐洪涛，陆威. 国际化人才培养模式下的课程体系及课程内容改进的研究［J］. 高等工程教育研究，2019（增刊）：90-93.

［15］季波，刘毓闻，陈龙，等. 美国高校国际化人才培养模式的特征与启示——以美国五所知名研究型高校为例［J］. 华南师范大学学报（社会科学版），2019（6）：73-80.

国际化特色商科人才多主体协同培养理论与实践*

——以国际经济与贸易特色人才为例

许 劲 郭 炫

摘 要： 协同育人是新时期地方应用型大学人才培养的新途径。本文聚焦于地方高校国际化特色商科人才多主体协同培养，以四川外国语大学国际经济与贸易特色人才培养为例，探讨国际化特色商科人才培养中存在的问题，分析国际化特色商科人才培养的利益相关者，阐述国际化特色商科人才多主体协同培养的理论模型和实践系统，分析了主要主体之间的博弈，最后提出了相关建议。这对国家相关教育方针政策的实施和地方高校国际化特色商科人才培养实践有重要的理论和现实意义。

关键词： 国际化 特色商科 人才培养 多主体协同 博弈

一、引言

培养什么人、怎样培养人、为谁培养人是开展教育工作的根本问题。教育部领导同志在《新时代全国高等学校本科教育工作会议上的讲话》中指出，

---

* 本文系重庆市高等教育学会教育科学研究重点课题"'一带一路'背景下复合型国际商务人才培养的多主体动态协同机制研究"（编号：CQGJ19A17C）、重庆市高等教育教学改革研究项目"'双万计划'背景下地方特色高校一流专业与一流课程协同建设路径研究"（编号：213226）、四川外国语大学教改研究项目"新文科视域下高素质复合型国际商务人才跨界融合培养机制与实现路径研究"（编号：JY2296224）、四川外国语大学国际金融与贸易学院教改研究项目"新文科语境下国际经贸人才能力素质定位与跨界融合培养路径研究"、重庆市研究生教育教学改革研究重点项目"数智化场景下研究生课程教学创新设计与实践研究"（编号：YJG232037）的阶段性研究成果。

恳请相关部门和社会各界，积极担当人才培养的"智囊团"和"补给站"，汇聚起提高人才培养水平的磅礴力量。《重庆市高水平本科教育建设专项行动计划》中也指出，协同育人是新时期地方应用型大学人才培养的新途径。

四川外国语大学商科专业结合学校 70 多年来形成的语言优势，提出构建"专业＋英语＋实践"的通识式人才培养体系和"专业＋多语言＋实践"的复合型人才培养体系，培养具有多语言文化背景的国际化特色商科人才。在历经多年的人才培养后，学校厘清了目前国际化特色商科人才培养的现状与问题，结合"以本为本"的理念，协同各相关学科、相关主体高质量培养国际化特色商科人才。这不仅对教育部、重庆市教委的相关政策进行了具体的落实，对人才与社会的适切性，同时对四川外国语大学形成品牌特色有重要的实践意义，也有助于一流专业建设。因此，本文的研究具有重要的理论和现实意义。

目前，关于人才协同培养的研究主要包括协同主体、协同内容和协同机制与模式方面的研究。

（1）协同主体方面的研究。屈志坚（2017）分析了我国铁路职业教育的校企协同；刘学忠（2017）分析了地方应用型大学协同育人存在主体单一的问题，强调政府、企业和社会各利益相关方应协同发力，共同推进地方应用型大学协同育人新模式的发展。

（2）协同内容方面的研究。蒙柳和许承光（2017）提出加强与企事业单位、公检法、律师事务所等法律实务部门在实践方面的合作，并推进协同育人；孙云飞等（2017）从师资队伍建设、知识传递平台建设、人才培养方案以及校内外实践基地和教学管理改革等方面，提出了产教融合、协同育人的专业建设方案；马亮等（2019）认为，思政教师和专业教师应协同育人。

（3）协同机制与模式方面的研究。蓝军斌和杨兴华（2018）以南宁学院为例，围绕新桂商全程参与商科专业人才培养过程，提出通过产学研用一体化的平台建设实现校企共享共赢持续合作；申雅琛等（2020）从国际认证、校企合作、以学生为中心的课程小组运行、师资力量搭建等方面分析了应用型本科高校商科国际化创新人才培养模式的启示和实践；庞敏等（2021）从协同创新和学科交叉两个角度对新商科人才培养模式提出创新优化对策。由此可见，现有关于协同育人的研究多是探讨协同主体、协同内容、协同机制与模式的，尚未对协同主体之间的可持续的合作机制进行研究。

二、国际化特色商科人才培养存在的问题

四川外国语大学将国际经济与贸易专业人才培养目标定位为"国贸专业＋英语（多语言）＋实践"的国际化特色商科人才、科学研究与社会服务。2017—2019 年市级三年"三特行动"项目实施后，师资团队的国际化、实践能力和科研能力有了较大提升，课程教学在教学成果、省部级教改课题以及实践教学方面有了较大进步，学生的创新创业项目取得了较好成绩。但从2012—2019 年国际经济与贸易特色人才培养活动及建设效果来看，存在以下几个突出的问题。

（一）专业实践能力还需要进一步提高

学生参加的一些竞赛、创新创业项目和实践活动与国际经济与贸易专业的相关度不是太高，或者说与专业相关的各类比赛和实践活动占比较低，学生就业与专业的相关度还需要提高。因此，需要探索专业实践能力的培养方法与路径。

（二）国际化和多语言能力需要进一步加强

在四川外国语大学"建设高水平应用研究型外国语大学"总体办学定位的前提下，学校突出非外语专业的外语特色，着力培养"专业＋外语"的高素质复合应用型国际化人才。但与市内其他高校同专业人才培养比较，其他部分高校已经招收了多批国际留学生，学生参与较多的国际化活动。在师资方面，学校通过外引内配的方式使国际化师资力量得到提升，但是本专业的学生在国际化、多语言能力方面，相对于社会对复合型国际化人才的需求来说，还存在数量供给不足等问题。

（三）人才培养的相关主体协同不足

人才培养是一项系统工程，涉及多方面的利益主体，要想真正形成"人无我有，人有我优"的特色优势，需要相关利益主体协同配合。从现有培养情况来看，特色人才培养存在部分主体缺位、主体角色作用发挥不充分、相关主体协同不足等问题。

三、国际化特色商科人才培养利益相关者分析

"利益相关者"一词的出现可以追溯至20世纪20年代末期，时任美国通用电气公司（GE）的一位经理人在就职演说中指出，公司必须为利益相关者提供服务。利益相关者理论指出，在全球化背景下，管理者不再仅仅关注企业自身利润最大化的单一目标，通过致力战略管理，管理者更关注企业与其他利益团体和谐共存的问题，更关注在与利益相关者打交道的过程中如何趋利避害，实现双赢或者共赢的目标。

传统的人才培养主要是注重内部管理和建设，如师资队伍建设、教学条件与资源、课程建设与改革、教学质量管理体系等，这种管理建设模式没有和利益相关者进行充分沟通，不能满足家长、用人单位和社会其他主体的需求，导致人才培养错位、没有特色。一方面大量的学生找不到工作，另一方面用人单位招聘不到满意的人才。

实际上，国际化特色商科人才培养涉及多个利益相关者，利益相关者通过社会评价、生源、学生就业、毕业生成就等途径影响高校人才培养。相关研究表明，不同利益相关者对高校人才培养有不同的利益要求和影响，这就需要学校在人才培养中通过识别利益相关者，并将利益相关者纳入特色人才培养管理策略中，促进特色人才培养更好地满足利益相关者的需求，平衡利益关系，协调关键利益主体共同实现建设目标和多赢。一般来说，高校人才培养的利益相关者包括内部利益相关者和外部利益相关者。

（一）内部利益相关者

1. 学生

学生是高校教学服务的直接购买者和接收者，他们关心的是高校人才培养的质量（包括基本素质、专业技能、综合素质、就业能力的获得情况）、收费水平、学习生活氛围、学校及专业声誉和专业特色等。

2. 教师和员工

教师和员工是特色人才培养的生产者、劳动者和创造者，他们关心教书育人使命的完成，自身的社会地位，身份的归属，良好的工作环境和条件，融洽、和谐、公平、民主的组织氛围，较高且稳定的个人收入（工资、津贴、福利等），人力资本提升以及教学管理参与等。

3. 院校级管理者

院校级管理者是特色人才培养的组织管理者和提供者，包括校长、院长、系主任、专业建设负责人等。他们主宰特色人才培养的发展，在人才培养中起到组织、协调和管理的作用，他们期望以较低的成本实现较高质量的人才培养，并促进学校、学院、专业品牌和特色的形成。

（二）外部利益相关者

1. 政府

当前，我国的高校大部分是公立的，政府是这些高校的管理者和监督者，政府有关部门对高校本科教学水平的评估结果在一定程度上影响着高校的人才培养声誉。

2. 企业

企业是人才"产品"的需求者、购买者、使用者，他们最关心特色人才培养的质量，包括学生的个人品德（敬业精神、道德品质等）、基本素质（生理和心理素质）、专业能力、综合素质等。

3. 行业协会

行业协会是企业和政府的中介组织，为企业和地方政府搭建信息沟通平台，推广行业管理标准和规范制度，增强产教融合的规范性和有效性。行业协会是某一类企业的代表，一般通过制定行业岗位标准、人才质量标准、专业课程标准等对人才培养产生影响，并引导人才培养产教融合过程中的教学与管理改革。

4. 其他高校

其他高校是同行和竞争者，一方面，它们向社会提供具有相同专业知识和技能的人才；另一方面，它们希望向同行学习借鉴特色人才培养经验，在培养目标、培养方案、课程设置、实验室建设、实习实践教学等方面，既要相互学习，也要保持一定的差异化，凸显自己的特色，形成特色品牌，从而提升学校的人才培养竞争力。

5. 校友

校友既是学校的教育成果，也是学校的宝贵财富，他们的名望和声誉在一定程度上代表着学校的特色品牌形象，其社会贡献的大小是社会评价大学的重要依据之一。校友是学校与外部资源进行交流与合作的重要桥梁，他们可以对学校的人才培养、专业发展和学科发展进行评价，为学校特色人才培养和教学改革提供意见和建议；还可以通过社会捐赠、合作办学、建立实践教学基地、提供兼职教师等形式为学校筹集教学资源，并帮助学校建立起更广的关系网络，争取外界对学校发展的支持。

6. 社会公众和家长

社会公众和家长是高校人才培养的支持者、监督者和评价者。有些专业学会参与专业建设的指导工作，还有一些进行大学评价的社会团体、中介机构、网上论坛等，特别是那些公信力强、评价指标科学、评价过程透明公正的高校评价中介机构，发表的对于学科专业、人才培养的评分和排名，会对学校的人才培养声誉和招生产生一定影响。

7. 媒体

媒体报道直接影响学校的社会形象和声誉。媒体为特色人才培养提供成就的展示台，很多特色人才培养没有达到预期的效果，很大程度上是由于特色人才培养成果没有得到有效传播。

四、国际化特色商科人才多主体协同培养的理论模型与实践系统

(一) 国际化特色商科人才多主体协同培养的理论模型

"协同"一词源于希腊语 synergos，其原意是共同工作。现代汉语中的"协同"是指两个或两个以上的不同主体通过组织协调、合作交流共同参与某一项任务的过程和能力。20 世纪 70 年代，德国学者赫尔曼·哈肯（Hermann Haken）发展了"协同"概念，创立了"协同学"，认为在一个系统内若系统中各子系统（要素）能很好地配合、协同，多种力量就能形成一个大大超越原各自功能总和的新功能（哈肯，2013）。

本研究中的"协同"就是指两个或两个以上的多元主体之间通过合作，能够产生远远大于每个主体单独完成任务时所能够创造的业绩的总和的成果，即出现"1 + 1 > 2"的效应；或者能完成单个主体因自身条件或外部环境限制所不能完成的任务。引申到特色人才培养中，就是地方高校内部各主体和外部各主体在办学条件、师资队伍、课程体系、教学管理和培养质量核心建设要素方面协同，在长期的办学实践中获得较高的社会声誉和影响，从而逐步形成"人无我有，人有我优，人优我新"的具有特色的人才培养体系。

根据前面分析的特色人才培养的利益相关者和特色人才培养核心要素，本文构建了国际化特色商科人才多主体协同培养的理论模型（见图 1）。

(二) 国际化特色商科人才多主体协同培养的实践系统

四川外国语大学国际经济与贸易专业依托学校办学定位和语言优势，力图培养"国贸专业 + 英语（多语言）+ 实践"的特色应用型商科人才，这需要利益相关主体在人才培养的多个能力培养环节中协同，具体的实践系统如图 2 所示。

从实践系统图中可以看出，国际化特色商科人才的特色培养需要通过不同的活动来推动，不同的活动依赖不同的利益相关主体（如政府、学校、企业、教师等）的政策、参与和配合。

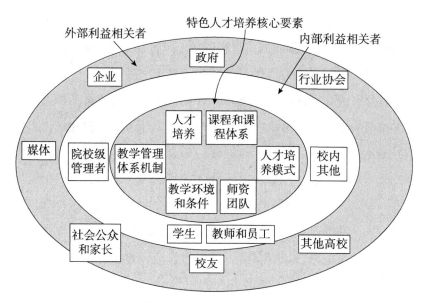

图1　国际化特色商科人才多主体协同培养的理论模型

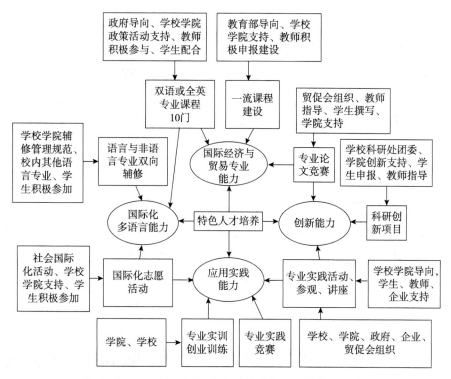

图2　国际经济与贸易特色人才多主体协同培养实践系统

以"英语（多语言）"特色为例，四川外国语大学针对非外语专业提出"专业+多语言"导向，从而形成与其他高校同类专业人才培养的差异化竞争力。如何才能真正达到强外语的目的呢？可采用三种方式：一是国际经济与贸易专业教师可以开设双语或全英专业课程，进行双语或全英授课，从而提升学生的英语能力；二是学校政策支持外语与非外语专业双向辅修，国际经济与贸易专业的学生可以辅修其他语种，其他语种的学生可以辅修国际经济与贸易专业，从而实现"专业+多语种"的目的；三是组织学生参与国际化志愿活动，学生在参与活动的过程中可以增强国际化交往能力和语言能力。不管哪种方式，都需要学生积极主动参与才行，而且双语或全英课程教学既需要教师下大功夫备课，也需要学生付出更大的努力学习，如果没有学校和学院相应的激励政策和机制，难以实施。

（三）多主体博弈分析

从前文所述的特色人才多主体协同培养理论模型和实践系统可以看出，地方院校本科特色人才培养是一项复杂的系统工程，需要参与培养的各利益相关主体在培养的全过程中进行有效的协同，从而实现特色人才培养目标。但是，根据微观经济学理论，这些利益相关主体在不同的建设活动甚至整个大建设活动中的利益目标不可能完全一致，这就可能导致特色人才培养目标难以实现。而且，在这些主体间可能存在信息不对称、多重委托代理等博弈问题。下面来分析特色人才培养中可能存在的博弈。

1. 政府与学校间的博弈

政府办学和出台相关的政策是从实现社会效用和社会福利最大化的目的出发的，但是，学校作为一个独立运营的组织，必然有最大化自身效益的想法，这导致政府的政策难以在学校得到有效实施，或者学校期望的政策得不到政府的支持。

2. 院校管理与教师间的博弈

院校希望教师通过多花时间建设课程，上好课，做好科研，指导好学生，多培养一些优秀的学生。但是教师也是具有个体经济理性的，在不违反院校相关管理规定的前提下，可能存在不努力付出、不愿参与更多建设活动等情况。如全英课程建设、一流课程建设等需要教师付出很多努力，如果努力了却得不到学校的合理有效补偿的话，相关建设活动将很难有效实施。

3. 校企间的博弈

学校是人才的供给方，企业是人才的需求方。在校企间的博弈中，学校期望以最低的成本培养学生，而企业则期望以最小的付出获得企业需要的优秀人才，这势必导致学生的部分能力不能满足社会和企业的需求。此外，在双方合作培养学生的过程中可能会在学生能力培养目标上存在差异。或者在企业投入合作资金后，学校利用信息不对称将资金转移到其他教育活动中，导致企业不信任学校。

4. 师生间的博弈

教师和学生之间的关系是高校教育活动中最基本的关系，师生间在不同的教育活动中存在不同的博弈模式，如囚徒困境模式、斗鸡博弈模式等。比如在全英课程教学、科研项目、比赛等活动中，可能存在学生努力、教师不积极指导，教师积极指导、学生不努力，教师、学生都不努力等情况。

五、相关建议

基于前面的理论研究和四川外国语大学国际经济与贸易特色商科人才培养实践，本文提出以下相关的政策建议。

（一）依托学校传统与优势学科协同夯实人才培养特色

作为学校较早建设的商科专业之一，国际经济与贸易专业特色人才培养应继续依托四川外国语大学传统语言教育优势，发展应用经济学科，建设双语或全英课程，申报全英专业，开展多语言活动，夯实多语言国际化特色。同时，应顺应市场需求，既为当地经济发展培养急需的多语言、应用型、复合型国际化商科特色人才，也为特色专业的发展开拓新方向。

（二）加强多主体协同办学模式建设

国际经济与贸易专业的专业性和实践性都很强，仅在课堂上进行理论教学远远不够。因此，在制订人才培养计划时应增加实践教学内容，采用"课堂教学＋实验室实训＋社会实践"的学院与多主体协调培养的模式，为学生创造参与社会实践、锻炼自己的机会。四川外国语大学国际经济与贸易专业在进行特色人才培养时，通过企业参访、校外专家讲座、举办专业性比赛（全国商业精英挑战赛国际贸易竞赛、国际商务谈判比赛）和参加国际志愿活动等贴近实践的内容和形式，让学生在校内外的实践中了解专业实务和操作实际。

（三）发挥核心主体在特色专业建设中的作用

在特色人才培养中，专业负责人（部分学院称为系主任）是专业建设的核心主体，是专业建设的总设计师、教学团队的引领者、人才培养资源的组织者、人才培养实践的协调者，也是该专业领域的专家。能否培养好专业特色人才，专业负责人的责任心也是非常关键的因素。

（四）加强激励机制建设

从前面的理论体系建构、四川外国语大学国际经济与贸易专业特色人才培养实践和主体博弈分析中可知，对不同主体的激励机制建设是推动特色人才培养目标实现的重要保障，因为各主体都是经济理性人。在国际化特色商科人才培养中，应建立多种激励机制。

（1）激励教师建设全英课程。一方面是给予校级全英课程建设的费用支持，另一方面是全英授课在教师评价中可以获得更高的系数。

（2）在学生比赛方面，教师指导学生参加比赛获得奖项后根据不同奖项给予相应的奖励，同时报销其外出的全部费用。

（3）对申报的特色人才培养项目给予配套支持或者绩效加分。

（4）对参加培训、到企业挂职锻炼的教师，在薪酬方面给予合理的政策支持。

参考文献

[1] 屈志坚. 校企协同的铁路特色专业持续教育改革探索与实践 [J]. 教育

现代化，2017（52）：105－106.

［2］刘学忠．地方应用型大学协同育人体制机制新探［J］．国家教育行政学院学报，2017（9）：67－72.

［3］蒙柳，许承光．协同育人视角下的法学专业实践教学研究［J］．学校党建与思想教育，2017（6）：59－60.

［4］孙云飞，班建民，罗恒，等．基于产教融合、协同育人的专业建设方案［J］．高教探索，2017（增刊）：16－17.

［5］马亮，顾晓英，李伟．协同育人视角下专业教师开展课程思政建设的实践与思考［J］．黑龙江高教研究，2019（1）：125－128.

［6］蓝军斌，杨兴华．基于"八个共同"的商科专业校企协同育人平台构建研究——以南宁学院为例［J］．经济研究导刊，2018（35）：69－71.

［7］申雅琛，王艳，李艾璇．应用型本科高校商科国际化创新人才培养模式实践研究［J］．产业科技创新，2020（22）：115－116.

［8］庞敏，闫波波，李璐伶，等．基于协同创新与学科交叉的新商科人才培养模式研究［J］．科技视界，2021（20）：188－189.

［9］哈肯．协同学：大自然构成的奥秘［M］．凌复华，译．上海：上海译文出版社，2013.

新文科背景下外语类院校金融科技专业
FIT 人才培养模式与路径研究[*]

翟浩淼

摘　要： 新文科建设为推动不同学科专业交叉融合、改革创新等提供了新机遇。科学技术的不断发展推动着金融机构的变革与创新，同时对高等院校金融专业人才培养提出了全新的要求。基于此，本文立足于新文科背景，通过梳理文献分析了当今我国外语类院校金融科技专业在人才培养、教学体系、师资队伍等方面存在的问题，最后结合四川外国语大学国际金融与贸易学院 FIT 人才培养模式提出了外语类高校金融科技专业人才培养实现路径。

关键词： 新文科　外语类院校　金融科技　FIT

一、引言

金融科技的飞速发展，不断推动传统金融机构的变革与创新，在改变金融生态的同时，对金融人才需求结构也产生了巨大的影响。互联网技术的不断成熟与发展使得各类金融机构要求金融专业人才不仅要拥有金融专业的相关理论基础，还需要掌握信息技术、网络安全、大数据、云计算、人工智能等先进技术。高校金融专业教学改革是一项重要的任务，是贯彻落实习近平总书记关于教育重要论述的科学内涵和精神实质的重要实践。加快建设高水

---

　*　本文系四川外国语大学研究生教育教学改革研究项目"数字经济时代金融专业硕士人才的培养模式与路径研究"（编号：yjsjg202405）、重庆市教育科学规划项目"'一带一路'视域下多元国际化人才培养模式与路径研究"（编号：K22YY209697）的阶段性研究成果。

平本科教育，全面提高人才培养能力是新时期我国教育发展的新要求。2019年，教育部制订了"六卓越一拔尖"计划 2.0，正式提出"新工科、新医科、新农科、新文科"的建设。2020 年 11 月，在山东大学召开了新文科建设工作会议，并发布了《新文科建设宣言》，至此开启了全面建设新文科的工作步伐。

四川外国语大学国际金融与贸易学院的金融科技专业是 2020 年获批的新专业。为了更好地契合学院提出的 FIT 人才培养模式，响应大数据、云计算、人工智能、区块链等新技术的发展以及服务重庆市地方经济建设和社会发展，金融科技专业提出了 FIT 人才培养模式，旨在培养既懂技术又懂金融的复合型专业人才，体现了学院与时俱进、与社会经济发展紧密结合的特点。经过几年的发展，金融科技专业已经在专业建设过程中取得了一些成绩，如与 30多家银行、证券公司等金融行业企业建立了合作关系，并定期邀请行业专家走进课堂，定期派送学生走进企业等。基于新文科背景以及四川外国语大学具有的国际化办学特色，研究如何在金融科技专业中融入四川外国语大学突出的国际化办学特色，培养具有国际化特征的应用型人才，具有重要的理论和现实意义。

二、文献综述

互联网技术的快速发展与不断成熟对传统金融机构的业务造成了较大冲击，在改变金融生态的同时，对金融人才需求结构也产生了巨大的影响。以银行业为例，信息技术人员需求大幅度提升，而营业网点综合柜员招聘人数大量减少。因此，外语类院校的金融科技专业的发展面临诸多机遇与挑战，明确办学特色、避免同质化竞争是外语类院校的金融科技专业亟待解决的问题。一些高校设置的金融专业课程体系、课程内容及传统的教学方式面临着严峻的挑战，对此，一些学者进行了较为深入的研究。

（1）有关新文科背景下金融科技专业教学的研究。周光霞（2022）认为，金融科技主导未来金融市场的竞争，人才供求错配是制约科技赋能金融的瓶颈，高校金融人才培养的供给侧改革势在必行。当前高校金融专业的重要任务是培养一批具有扎实理论基础和创新精神，动手能力强，综合素质较高，能够胜任金融衍生品定价、金融产品研发、金融资产组合管理的复合型、应用型和技能型人才。张艺（2019）认为，在金融科技背景下，高校教师应结合区块链技术，将数字金融工具融入教学过程中，并采用案例教学法和讨论教学法，促进教学手段网络化。王庆勇（2019）认为，金融创新速度快于教学内容的更新速度，高校教师应该及时更新教学案例，提高教学效率。刘熠（2019）认为，高校应鼓励大学生参与互联网支付、自我理财等实践活动，组织学生比较分析金融科技机构服务与传统金融机构服务在安全与风险等方面存在的差异性。王馨等（2021）指出，随着互联网经济的发展，很多高校都开设了金融科技专业，但在课程设置上缺少金融科技在特色金融中的应用等内容，因此，高校应重视优化金融科技专业课程体系。李平等（2022）发现，为了满足金融科技发展的人才需求，我国一些高校纷纷开设了金融科技本科专业，但在实际教学中，金融科技专业人才培养的基本理念、具体路径等都没有得到明确，导致人才培养效果受到了影响和制约，最后提出了金融科技跨学科培养的路径。

（2）关于新文科背景下金融科技人才培养模式的研究。赵华伟（2020）提出，金融科技专业师资力量建设是改进金融科技人才培养方式、提升金融科技人才培养质量的关键，进而提出应在教学资源模块开展专业体系建设与实验平台建设，在社会服务模块建立岗位培训库和技术培训库，在技能大赛模块根据金融科技的发展趋势筛选适合该专业的技能比赛科目，通过科目的训练、筹备与比赛，引导学生训练实践技能。段江娇（2020）认为，金融科技带来了传统金融业经营理念的改变。因此，应将金融科技业务及产品列入教学，注重学生创新思维的培养，通过增加体验式教学方式、创新考试方式等途径助力学生更好地适应社会的需求。

通过文献分析不难发现，现有文献侧重于研究金融科技专业教学所面临的问题以及可能的发展方向，为金融科技专业教学改革的理论与实践提供了极具价值的参考，但是提出的对策建议并没有针对外语类院校的特点形成具有特色的体系，对于解决当前外语类院校金融科技专业教学存在的系统性、结构性问题作用有限。本文立足于金融科技的视角，在金融科技专业中融入四川外国语大学突出的国际化特色，提出加强金融科技学科建设，培养具有国际化特征的应用型人才，进而服务重庆市地方经济建设和社会发展，促进我国金融业快速发展。

三、金融科技人才培养现状

区块链、人工智能、大数据、云计算等信息技术的快速融合使得金融行业迅速发展，传统的金融企业经营和管理模式受到了挑战，新型的金融理念、服务方式和发展模式才是金融企业的发展趋势，金融企业需要引入新鲜的血液来推进企业的管理和发展，因而对新型金融人才的需求与日俱增。根据《经济日报》2018 年的报道，当时金融科技专门人才缺口高达 150 万人，而根据怡安翰威特于 2019 年发布的《金融行业科技人才管理趋势报告》，2019 年有接近 40% 的企业增加了金融科技人才编制。新型金融人才应当具有创新意识和互联网思维，掌握通用科技核心技术，能够对现有金融行业经营模式、产品、服务进行创新。同时，金融科技的国际化步伐正在加速，国际化人才的需求快速增长。多数金融机构需要国际化人才，其中业务国际化发展的需要是首要原因。而且，只有拥有更多既了解国内金融市场又了解国外金融市场的人才，企业的金融业务才能本土化、精细化发展。目前，我国的改革开放是双向的，既有国内机构"走出去"，也有国外机构"引进来"，如允许外资在境内设立独资金融机构等。因此，国际化的金融人才需求正在急剧上升，具有境外市场从业经验的人才需求很大。而且，随着人民币的国际化和"一带一路"倡议的不断深入实施，更多的中国金融企业"走出去"，对国际化金融人才的需求将进一步增加，有国际化视野的金融人才将更加受欢迎。

因此，传统金融理论对现代金融发展现象的解释力不足，科技在金融领域的应用对传统金融理论产生了巨大冲击，甚至是颠覆性的作用，由此催生了金融业对新型金融科技人才的需求市场。技术创新与发展改变金融活动，催生金融新业态，高校作为人才的培养基地必须做出目标调整、专业适应与理论引导。为了满足经济发展现实对人才的新要求，让传统金融经济学理论拥抱人工智能，高校金融科技专业的培养机制需要将金融科技与金融专业教学相结合，树立金融科技发展理念，以培养出新时代社会需要的金融专业人才。

四、我国金融科技专业人才培养存在的问题

在金融科技 4.0 时代背景下，传统工作技能已经不能适应科技发展的需要，大量基础的人工工作已经或即将被机器替代，人才培养的重点必须向创造性思维、复合型知识结构靠拢。技术在金融中的地位越来越重要，这就要求金融科技专业学生具备复合型知识结构，不仅具有扎实的金融专业知识，还能掌握大数据、人工智能、云计算以及区块链四项核心技术，成为既懂技术又懂业务的金融科技人才。然而，当前的金融学专业教育体系过于陈旧，存在人才培养方案不够合理、教学体系需要改进、师资队伍结构仍需完善等问题，不仅无法培养新型人才，还限制学生的发展。

第一，目前高校金融专业教学中理论性课程所占比例较高，案例教学和实践教学的课程比例相对较低。理论与实践课程设置比例的失衡使得学生对于金融知识的认识仅停留在表面，既无法全面、深入地理解所学知识，也无法将知识灵活地应用于实践。此外，课堂理论的陈旧与现实世界的千变万化会使学生在毕业走向社会时面临所学知识"无用武之地"的困境，增加了学生融入金融行业的难度，不仅影响学校就业工作的开展，也不利于我国金融行业的发展。

第二，金融科技为金融学课程提供了新的教学内容，而许多高校未设置相关课程。在货币理论方面，网络技术的应用使数字货币越来越主流化，数字货币的出现和推广成为必然趋势；在金融机构领域，金融科技有很强的普惠性及小微化特征，商业银行、证券公司以及保险公司等传统金融机构需要不断转变经营理念和策略，才能融入金融科技发展；在货币供求方面，数字货币会对中央银行实施货币政策的独立性产生影响。然而当前许多高校的金融学课程尚未包含这些新内容，与发展趋势的脱节使得高校金融专业毕业生需要付出额外的学习成本才能满足相关岗位的任职需求。

第三，随着金融科技时代的到来，越来越多的学生报考金融学、互联网金融、大数据分析等相关专业，但与此不匹配的是，相关专业教师人数较少，难以满足人才培养需求。同时，金融科技人才培养体系要求教师具备金融学理论与核心技术融合教学的能力，但现阶段教师教育背景单一，符合要求的师资甚少。此外，教师团队往往缺乏创新创业实践经验，无法很好地培养学生的实践能力。

五、外语类高校金融科技专业人才培养实现路径

围绕科技创新和经济社会发展需求，我国教育管理部门也在进行高校学科专业结构调整，主要是向战略性新兴产业和市场需求度较高的行业倾斜。对标新文科，四川外国语大学国际金融与贸易学院以促进文理交融、理实交融、升级改造传统办学模式的思路实施新金融专业建设，具体改革路径可从以下三个方面着手。

一是加强师资队伍培养。师资力量是专业发展的核心，外语类院校金融科技专业要确立鲜明的办学特色，首要任务就是建立一支与专业发展目标相适应，能够承担起培养国际化复合型人才重任的教师队伍。首先要优化师资队伍结构。外语类院校金融科技专业的师资队伍中不仅要包括来自外语类院校的教师，更应该包括来自综合类大学的、有深厚金融学和计算机学科背景的教师。其次要突出师资队伍的优势专业方向。外语类院校的金融科技专业需要明确专业发展的优势方向，引进优质师资，集中优势力量，围绕具体研究方向形成特色优势。最后要强化师资队伍的持续学习能力。促使专业教师不断更新专业知识和提升技能是专业发展的持续动力。

二是加强国际化办学。国际化办学也是外语类院校金融科技专业彰显办学特色的重要途径。具体而言，金融科技专业办学的国际化要实现教育理念、课程、教师、学生、研究、办学条件等的国际化。首先要增加国际合作办学项目数量，加大合作深度，提高学生参加国际合作办学项目的比例。外语类院校金融科技专业应力争实现全部学生都有机会在国内或国外参与国际交流课程学习以及实习、实践，真正培养学生成为"外向型""国际型"复合人

才。其次要推进教育理念和课程设置的国际化，使人才培养标准与国际水平接轨。国际化办学并非只是让学生和教师走出国门，到国外高校交流学习，而是要通过国际交流来促进知识结构乃至教育理念的更新。外语类院校金融科技专业需要实现办学理念的国际化，才能最终体现出国际化的办学特色。

三是要加强产教融合。产教融合、协同育人是新文科背景下应用型人才培养的应有之义。新金融人才培养应以合作共赢为导向，深度挖掘社会资源，构建多元协同育人机制，形成校企合作良性互动格局。一方面，依托校内外实践教学资源，培养学生的实践动手能力。学院积极推动与迪肯区块链、小雨点、数喆数据、中国银行、浦发银行、浙商证券、中信期货等多家单位的合作，建立了实践教学基地，并与迪肯区块链共建了"四川外国语大学—迪肯区块链实验室"，与数喆数据共建了重庆市研究生联合培养基地，与其他地方企业实现全面合作，加强实习实训环节。另一方面，依托校内研究结构，积极开展调研讲座，推动学科发展。学院于 2019 年 12 月召开"首届西部金融科技学科建设研讨会暨金融科技专业统编教材编写会"，明确我校的金融科技专业将主要立足于"一带一路"背景下重庆"两点"定位和"两地""两高"目标、"三个作用"的发挥，培养全面发展的高素质、国际化金融科技英才。

参考文献

［1］周光霞，金融科技驱动的高校金融人才培养体系改革研究［J］．金融理论与教学，2022（1）：87－94.

［2］张艺．"互联网＋金融"环境下金融学教学改革探讨［J］．中外企业家，2019（6）.

［3］王庆勇．互联网金融背景下金融教学改革研究［J］．南国博览，2019（8）：362.

［4］刘熠．互联网金融教育教学改革［J］．现代经济信息，2019（4）：412，414.

［5］王馨，王营．以金融科技为核心的金融专业人才培养探讨［J］．金融理

论与实践，2021（12）：73 - 78.

［6］李平，黄萍．金融科技本科专业跨学科教育的创新思路探索［J］．文化创新比较研究，2022（2）：133 - 136.

［7］赵华伟．金融科技专业教学资源库建设探索［J］．教育教学论坛，2020（40）：77 - 78.

［8］段江娇．金融科技背景下高校复合型人才培养探索［J］．时代金融，2020（24）：185 - 186.

新文科背景下基于 OBE 理念的金融专业人才培养模式研究[*]

高福霞

摘　要：新文科建设背景下，学科知识的交互融合为高等教育教学改革提供了新的动力和方向。高校金融专业人才培养应以传统文科教育为基础，以社会需求为导向，促进文科教育的融合升级，实现高等教育内涵式发展。本文基于 OBE 成果导向教育理念，提出金融专业人才培养目标和改革的必要性，深入剖析当前高校金融专业人才培养中存在的问题，遵循 OBE 的反向设计原则，基于"社会需求—培养目标—教学实施—效果评价"的路径探讨金融专业人才培养，为新文科背景下的高校金融专业人才培养模式改革提供借鉴。

关键词：新文科　OBE 理念　金融专业　人才培养

2019 年 4 月 29 日，教育部等部委启动"六卓越一拔尖"计划 2.0 工程，开始全面推进新工科、新医科、新农科、新文科建设。其中的新文科，就是把新技术融入传统文科进行学科重组，建立跨专业、跨领域的新课程，引入信息技术，结合国家发展进程中的乡村振兴、文化建设等实践，形成文科复合型人才培养体系。因此，培养跨专业的综合型、应用型人才是新时代教育的必然趋势，是实现新文科教育战略的强大支撑。近年来，随着金融科技的

---

　　[*]　本文系四川外国语大学校级教改课题"新文科建设背景下高校文科专业创新创业教育模式研究——以四川外国语大学为例"（编号：JY2474227）的阶段性研究成果。

快速崛起，金融体系发生了变化，对金融从业人员提出了更高的要求，并加剧了金融专业人才供求失衡，这在理论界和教育界达成了共识。金融类学科作为新文科的重要组成部分，面临着新的时代使命和挑战。高校虽然在金融专业人才培养体系改革方面进行了理论研究和实践探索，然而，现有研究未能充分挖掘社会需求转变对于高校金融专业人才培养的引领作用，鲜有文献以学生为中心研究人才培养方案的改革。因此，本文借新文科建设的契机，基于成果导向的 OBE 理念，构建高等学校金融专业人才培养体系，重新梳理金融专业结构、课程设置、教学方式，为金融科技冲击下的高校金融专业人才培养模式改革提供借鉴。

一、基于 OBE 理念的金融专业人才培养目标

（一）培养具有扎实理论基础的金融人才

基础知识是学生专业发展的基础条件。在金融专业人才培养过程中，一是要重视知识结构的"深度"。要求学生掌握完整、系统的专业知识体系，做到理论知识扎实，突出知识的实用性，以职业技能为导向，增强应用型理论课程的前沿性。二是要重视知识结构的"宽度"。在"一专多能"的指导思想下，充分发挥第二课堂和学科论坛的引领作用，在推进国际贸易、金融、会计、管理等学科融合的基础上，将大数据、区块链、人工智能等各学科按相应的权重融入知识体系，为跨专业应用能力的提高奠定理论基础。

（二）培养具有国际视野和创新能力的金融人才

近年来，中国金融业不断加大对外开放力度，越来越多的外资金融机构进入中国金融市场，这就意味着金融行业的国际化程度越来越高，因此对金融从业人员提出了更高的要求。新时期的金融从业人员应具有国际视野，熟悉国际金融市场惯例，会分析国际金融的发展形势，能准确解读国际金融事件。同时，未来金融行业的发展趋势是提供个性化、特色化服务，需要更多

金融创新，因此就需要具有创新能力的金融人才。当前，中国金融业进入了新的时代，需要金融从业人员树立全新的理念，掌握先进的技术，以应对更加激烈的金融行业竞争和巨大的挑战。比如，在商业银行业务团队中不仅需要银行柜员、客户经理等常规专业人才，而且在转型发展中需要金融投资、数据分析等方面的专业人才。这就要求高校必须发现人才、引导人才、培育人才，突出创新导向，营造人才发展的良好环境。

（三）培养具有良好职业素养的金融人才

金融行业扮演着经济生产活动中资金枢纽的角色，是风险与收益相匹配的行业，金融从业人员需要具有抵御不良诱惑的道德修养。因此，职业素养的培养是金融专业人才培养道路上不可或缺的重点内容。实务操作通过反复练习即可掌握，品德的培养才是人才成功的关键。金融专业由于其就业岗位的特殊性，需要更加注重培养学生的职业素养，学生必须熟悉现代商业价值观，遵守现代商业伦理，以诚信为基本要求，以守时为基本准则，高校要为金融行业输送具有高尚品质、良好职业素养的合格从业人员。

二、基于 OBE 理念的金融专业人才培养模式改革的必要性

高校是金融行业高质量人才培养的重要平台，长期以来高校为金融行业培养了大量的从业人员。金融科技的兴起加剧了人才供求的结构性不平衡，对金融专业人才培养带来了巨大的外部冲击。从人才需求来看，金融科技的兴起使得社会对"金融＋科技"复合型人才的需求空前强烈，人才是金融科技发展的重要推动力和成功的关键。金融科技的快速发展加大了金融市场的系统性风险，各国缺乏统一、高效的监管措施，增加了金融科技的风险系数，因此"金融＋科技"复合型人才是金融科技运行与职能实现的重要支撑。然而从人才培养来看，普通金融人才过剩，高素质人才严重不足，存在巨大的人才供求缺口。这会导致两种结果：一方面是金融机构、政府部门和工商企业对金融人才的需求远远得不到满足；另一方面是相当一部分毕业生就业困

难，找不到满意的工作，造成人才资源浪费。更甚者，大部分金融科技企业会选择计算机电子信息和统计数学相关专业的毕业生，因为企业认为经济金融类专业的毕业生对于技术类知识的掌握存在难度。因此，金融专业人才培养模式改革势在必行，如何有效地进行人才培养模式改革已成为金融界的热点话题。

OBE 理念和金融专业人才培养模式改革具有自然的契合性。高校金融专业教育面临着社会需求的大变革，如何满足金融科技发展带来的人才需求是目前迫切需要解决的问题。而反向设计是 OBE 理念的典型特征，遵循"社会需求—培养目标—教学实施—效果评价"的设置路径构建的人才培养模式协调处理了内部需求、外部需求和人才培养目标的关系。因此，将 OBE 理念应用到金融专业人才培养模式改革中是解决金融专业教育困境的一个有效途径。

三、高校金融专业人才培养存在的问题

（一）人才培养目标和理念相对滞后于金融业的发展

现阶段我国金融科技行业的快速发展带来了市场对金融科技人才需求的扩张。无论是在传统金融机构，还是在新兴的金融科技公司，既懂专业又懂技术的复合型金融人才都有很强的竞争力。现有的高校金融专业人才培养计划与培养方案无法做到紧跟市场变化，对互联网金融的内容涉及不足，更加无法融合大数据、区块链、人工智能等金融科技的内容，造成高校人才培养与市场需求的结构性失衡。另外，传统的金融人才培养模式主要依据考试分数的高低评价学生水平和教师的教学质量，不能灵活、动态地反映学生的学业进展情况和个人创新能力。这种模式下培养的人才不能满足当下在大数据和金融科技的冲击下快速发展变革的金融市场的需求。

（二）课程设置缺乏创新，教学内容与方法未能与时俱进

在传统的金融学专业人才培养模式中，多数高校按照教育部高等学校教

学指导委员会制定的《金融学类教学质量国家标准》设置课程，以通识教育为基础、专业教育为核心，指导学生进行课程学习。在课程设置上，高校更加偏重设置与商业银行业务相关的课程，如国际金融、国际结算、商业银行经营管理等。受课时总数的限制，证券、保险、衍生品等金融领域的课时数被严重削减，同时缺少跨专业、跨学科的校际交流，这无疑会大大阻碍金融学专业人才开拓视野。虽然有些高校尝试性地开设了互联网金融、大数据调查与分析等新课，但是从教学内容上看，新课之间、新课与老课之间存在交叉重复现象，课程定位和课程体系逻辑关系不够明晰。在教学内容上，部分专业教师无法紧跟行业发展，使用的教材较为陈旧，课件不能及时更新，没有将最新的市场资讯和行业动态引入课堂，无法将先进的金融理念和最新的行业发展趋势传导给学生。在教学方法上，通常以教师为中心，以填鸭式授课为主，无法对学生进行充分的引导和激励，无法采用多样化的教学方法启发学生进行自主学习。

（三）实践教学"走过场"，校企合作不深入

目前，大多数高校采用"理论教学＋实践教学"相结合的授课形式，理论教学学时占比达 60％ 以上，实践教学只能依靠电脑软件模拟股票、期货期权交易和商业银行各项业务，实践教学模式较为单一。因为没有长期、持续性的经费支持，所以一些高校的实验室建设不完备、硬件设备保养及维修不及时、软件更新滞后，甚至还存在多专业共用一间实验室导致教师被迫在非交易时间带学生模拟股票投资交易的现象，这些都使得金融实践教学流于形式，效果大打折扣。学生仅掌握书本知识和简单的上机操作是远远不能满足金融行业需求的，学生在团队协作、人际沟通、业务实操等方面的实践经验十分欠缺，这就需要学生多深入金融机构实习实训，但是很多高校对学生校内校外的实习实训投入资源不够，校企合作不深入，提供给学生的各类实践机会不能满足企业对新型金融人才的需求，造成学生对金融行业的理解抽象而不具体，表面而不深入。

（四）师资配备方面缺乏跨学科背景的教师队伍

金融科技是一门新兴学科，而且是一门跨金融学、计算机信息技术、管理工程等专业的学科，因此教师不但需要具有金融学知识储备，还应掌握计算机专业、信息专业等方面的知识。目前高校金融学专业教师的知识背景大多数涉及经济学、金融学等专业，而同时掌握计算机科学、互联网、信息技术等相关知识的教师较少，复合型的师资力量不足。因此，金融科技背景下的金融学专业课程的师资力量较为薄弱，且相关专业教师之间缺乏足够的跨学科交流机会，跨学科的人才培养也受到制约。

四、基于 OBE 理念的金融专业人才培养模式构建

成果导向的 OBE 理念主张反向设计、正向实施。本文遵循斯派蒂（Spady）提出的 OBE 四个执行原则，按"社会需求—培养目标—教学实施—效果评价"的路径，构建基于成果导向的金融专业人才培养模式。

（一）分析金融科技带来的市场需求变化

遵循新时代高校教育思想，通过调研和访谈等形式对相关利益主体进行调查，明确金融科技对金融人才市场的冲击，建立符合地方高校特征和新时代教育思想的金融人才能力体系。总体来看，复合型、创新型、应用型和国际型是金融科技人才的典型特征，"金融＋科技"综合型人才应该具备学习能力、发现分析与解决问题的能力、沟通协作能力、创新创业能力、科学研究能力五种核心能力，同时也需要具备自控能力、风险管理能力、工具应用能力、国际化能力、跨界能力五种职业能力。高校金融专业人才培养要紧跟市场变化并及时做出调整，满足当下在大数据和金融科技的冲击下快速发展变革的金融市场的需求。

（二）重新定位高校金融专业人才培养目标

在高校金融专业人才培养过程中，重新定位高校金融专业人才培养目标，

既是顺应时代发展、推动社会经济发展的需要，也是证明学校教学先导能力和教学水平的途径。当前许多高校在金融专业人才的培养方面没有明确的培养目标定位，不能充分地结合所在地区的实际情况以及学校自身的办学优势。这种情况下培养出来的金融专业人才不符合当地或者行业的发展需要。高校应该注重培养学生扎实的金融专业知识，增强对学生创新能力和实践能力的培养，广泛吸收拥有多学科背景的高素质人才。高校应根据金融行业发展状况优化金融专业人才的培养目标，由培养传统金融学专业人才转变为培养既具备金融专业背景，又具备计算机技术、信息技术、互联网思维和创新意识的金融科技人才，实现培养复合型、创新型以及应用型人才的目标。同时学校可以与企业、行业协会和政府部门等对接，通过校企合作、校行合作、校政合作等多元化机制培养金融专业人才，在全面提高人才培养质量的同时，帮助金融专业毕业生更高效、更快速地融入工作。

（三）构建成果导向的教学实施模式

第一，改革课程设置与教学内容。在金融科技迅猛发展的背景下，改革课程体系是培养高端复合型人才的重要手段。在课程设置上应该在现有的传统金融专业课程基础上，增加金融科技相关课程。例如，可以开发数据挖掘、信用评估、风险评价等相关的课程，注重培养学生应用新技术的能力；增加投资银行理论与实践、期货理论与实践等业务技能的课程，增强学生的业务能力。从课程设置、教学板块设计、多元资源利用等方面，实现金融科技与传统金融专业课程结合的跨学科教学。另外，教师可以采用启发式教学或者翻转课堂等教学方法，充分利用互联网平台，开发、设计以及共享前沿教学资源，打造沉浸式、立体化、多元化的教学模式，充分激发学生的学习兴趣和主观能动性。

第二，建立特色金融实验室，加强校企合作。一方面，为了满足复合型人才培养的需求，高校应建立以金融科技为核心的特色金融实验室，强化高校金融专业学生在实务中熟练运用金融科技的技能，在实验室中体验如何应对经济社会、实体企业、单体客户的需求，训练学生针对市场需求研发创新产品的能力以及决策分析能力，为毕业后可以在短时间内胜任工作奠定扎实基础；另一方面，加强校企合作，为学生争取更多的实践机会，以新兴金融科技岗位需求为导向，为企业输送更具特色和富有竞争力的金融人才，实现校企双方共赢。同时，建立专业示范性实习基地，通过产学研深度合作，加强技术交流，实现资源共享共创，提高复合型金融人才的培养质量和水平，联合培养金融科技型创新人才。

第三，加强师资培训，培养复合型教师。培养金融类专业人才，需要建设一支具有丰富实践经验和较强创新能力的教师队伍。在师资引进方面，要积极采取引智政策，以客座教授、兼职教师等形式聘请企业、行业中具有丰富实践经验的企业家、专家到学校开展教学活动，加快培育一支"双师双能"型教师队伍。另外，通过鼓励教师在职攻读博士学位、访学进修、职称评聘等，提高教师队伍的整体素质和专业水平。鼓励教师面向金融行业需求，通过课程开发、科学成果推广、指导大学生参加创新创业竞赛等多种方式提升创新能力和专业化水平。

（四）改进课程考核方法，加强预期成果评估

高校金融学专业建设的核心理念是培养学生跨专业、跨学科解决复杂现实问题的综合能力，这就要求各门课程应根据专业建设的核心理念和课程特点采取多种多样的期末考核方法，采用"标准 + 非标准"的课程综合评价机制，仅将期末试卷作为课程考核的一部分或者彻底摒弃期末试卷作为唯一考核方式的评价方法。合理设置课程考核难度，提高形成性考核所占的比重。教师可根据课程及知识的差异性，采取慕课、团队合作、翻转课堂、项目制等多种教学方法进行授课，这既能充分体现"以学生为中心"的教学理念，又能最大限度地调动学生的学习热情、主动性和积极性，还能在授课过程中根据学生的学习表现给予形成性考核成绩，同时加强预期成果评估。预期成果评估是衡量高校教学质量的重要步骤，也是衡量人才培养方案改革效果和人才培养是否符合社会需求的重要环节。OBE 理念下的考核重在"学到什么"和"是否成功"。从专业培养角度看，预期成果不是单个核心能力或者专

业能力的局部效果，而是整体效果，即评估最后成型的东西，看学生毕业时是否达到预定培养目标，能否满足就业单位的能力需求。

参考文献

［1］周光霞．基于 OBE 理念的金融专业人才培养模式探讨［J］．黑龙江教育（高教研究与评估），2021（4）：64 - 67.

［2］张敏锋．经济新常态、金融科技与地方高校金融专业人才培养创新［J］．金融理论与教学，2018（1）：91 - 94.

［3］葛和平，陆岷峰．高等院校构建以金融科技为核心的金融学科建设路径研究［J］．金融理论与实践，2021（6）：46 - 54.

［4］王馨，王营．以金融科技为核心的金融专业人才培养探讨［J］．金融理论与实践，2021（12）：73 - 78.

［5］童藤，张紫诺．新文科背景下金融类专业应用型人才培养策略研究［J］．湖北经济学院学报（人文社会科学版），2021（11）：122 - 124.

［6］段江娇．金融科技背景下高校复合型人才培养探索［J］．时代金融，2020（24）：185 - 186.

新文科背景下国际经济与贸易专业
FIT 人才培养模式创新研究[*]

新文科背景下国际经济与贸易专业
FIT 人才培养模式创新研究[*]

邹思晓

摘　要：本文基于新文科建设背景下，四川外国语大学国家级一流专业建设点——国际经济与贸易专业进行的 FIT 人才培养模式的创新改革，提出当下人才培养模式中人才培养方案、课程体系和教学实践中存在的问题，按照 FIT 的理念从这三方面进行了人才培养模式的研究，提出了人才培养方案要体现高校与地方特色，课程体系既要"动静结合"又要数智化以及校企深度合作打造实践基地的建议和策略。

关键词：新文科　国际经济与贸易专业　FIT 人才培养模式

一、引言

新文科是相对于传统文科而言的，是以全球新科技革命、新经济发展、中国特色社会主义进入新时代为背景，进行学科重组、文理交叉，即把新技术融入哲学、文学、语言等课程中，为学生提供综合性的跨学科教学服务。

方友熙等（2020）指出，从学科建设角度看，新文科是在坚定中国文化主体性下构建具有中国特色的学科体系，解释中国经济社会发展理论，让国际学术界了解中国思想。互联网技术的飞速发展催生了新产业、新业态、新模式，人文社会科学也需要吸收自然科学的知识来解释和解决社会问题。新

* 本文系重庆市教育科学"十四五"规划2021年度课题"'新文科'背景下国际商务谈判人才培养的创新探索与实践研究"（编号：2021－GX－360）、四川外国语大学教学改革研究项目"产学融合、协同育人：国际商务谈判课程三方交互式实训与实践创新"（编号：JY2380255）等的阶段性研究成果。

文科融合了自然科学，着眼于培养学生的综合素质和能力，高校应当从身心素质、社会责任感、思辨能力、创新能力等方面努力。传统的应用型本科国际经济与贸易专业教学更注重理论讲授，学生接触社会和企业的机会屈指可数，人才培养模式的重理论轻实践无法满足行业和企业的需求，导致对实践能力要求较高的外贸行业长期处于人才严重缺失的窘境，外贸人才供求矛盾突出。

在这样的大背景下，国际经济与贸易专业面临着必须顺势改革的处境。依托四川外国语大学国际金融与贸易学院创新的 FIT 人才培养模式研究，本文构建了属于国际经济与贸易专业的 FIT 人才培养模式，从基础的专业学习到跨学科的整合，最终实现多元化能力的提高。

二、FIT 人才培养模式的内涵

FIT 人才培养模式主要包含三个方面的内容：一是"F"（Finance Economics），以培养拔尖金融经济学人才为基础，学生掌握扎实的金融学和经济学的专业基础知识，包括该专业要求的数学、法律、统计学、计算机等知识和技能；二是"I"（Integrate），强调人才培养的国际化、数智化整合，学生在掌握专业基础知识的基础上，还要顺应当前社会对人才综合能力的要求，整合各项相关的学科知识，如金融科技、大数据等，适应跨学科、数智化、多语言、多文化的环境；三是"T"（Transform），通过前面的专业基础知识和跨学科、跨文化的知识整合，实现学生跨文化交际能力、跨学科思维能力、跨专业应用能力的提升。

三、国际经济与贸易专业人才培养存在的问题

（一）人才培养方案不切实际

国际经济与贸易作为一门应用型学科，必须在专业知识的时效性上体现出与时俱进的精神。目前高校的培养方案一般是 2 ~ 3 年做一次修订，并且大多数的人才培养方案类似，互相借鉴参考，创新较少，培养的人才能力雷同，不能体现高校和当地特色。再加上社会经济形势变化较快，教师在修订培养

方案的过程中常常发现，两年前的培养方案已经过时，不足以适应当下社会对国际经济与贸易人才的需求，于是培养方案的调整多为被动追逐时代潮流。培养方案缺乏前瞻性，既增加了教师的授课难度，又使培养出来的学生在走出校园、步入社会时处于被动。并且，国际经济与贸易专业的人才定位显得过于"高大上"——服务"国际"，面向"海外"，与当地的经济契合度较低，导致学生无法"接地气"，就业多去往沿海地区，为当地经济服务的学生较少，出现了非常矛盾的就业特征。

(二) 国际经济与贸易课程体系不稳定

在新文科建设背景下，我们要以创新的思维方式和方法探索问题、解决问题，了解最新行业变化，预测未来行业走势。我们必须按照这样的标准来培养学生。而学生的培养主要依靠课程体系，课程体系的科学性和创新性决定人才培养效果。当前，国际经济与贸易专业的课程体系面临变与不变的两难选择。变，课程体系大幅调整对教学效果影响非常大；不变，课程体系陈旧跟不上时代需求。在制定课程内容与实际授课中存在两个显著问题：一是不同课程之间的联动较差，没有形成较为完善的知识链，不同课程的教师之间交流互动较少，各自只管自己的授课内容，导致课程内容有重叠的部分，学生对部分教学内容产生疲劳，或是需要串联的部分存在缺失，学生无法独立构建完整的知识体系；二是课程体系的稳定性较差，由于培养方案的修订，课程体系时常发生较大变化，课程体系不稳定，教师的备课授课质量就会受到影响，常常出现一门课程只给两三届学生上过就被取消，教师刚刚将课程内容打磨好课程就被砍掉的尴尬现象。

(三) 专业实践教学难以实现

作为一门对实践要求非常高的专业，虽然各高校在实践教学中投入了不少的心血，但是从效果来看，并没有得到明显改善。目前，实践教学主要从两个方面入手：校内通过国际贸易实务实验室搭配实操软件来实现，校外主要通过共建实习基地，由教师带领学生走访企来实现。从实验室和实操软件来看，受新冠疫情影响，国际贸易的模式变化非常大，学校必须及时更新软件来适应新的国际贸易需求，但是不管是硬件还是软件的更新，都需要较多的资金。而走访企业的实践活动流于表面，学生听几场讲座，参观一下企业环境，并不能对外贸行业有一个全面深刻的认识。并且，目前各高校的合作企业从数量和质量上来看都不尽如人意，能够接纳较多学生实习的企业就更少了。除此以外，还有一些专业竞赛可以作为实践教学的手段，如国际贸易竞赛、国际商务谈判竞赛等，虽然这些竞赛是不错的实践机会，但是覆盖面较窄，参赛的学生人数占比不到国际经济与贸易专业总人数的50%，仍然有大部分学生缺少实践机会。

四、FIT 指导下的国际经济与贸易人才培养模式创新

我院的国际经济与贸易专业依托四川外国语大学的强外语背景和丰富的国际化资源，再加上所在城市重庆市正在打造内陆开放高地，从学校到社会都为我院的国际经济与贸易专业建设提供了良好的资源和外部环境。在此背景下，国际经济与贸易专业在国际金融与贸易学院的 FIT 人才培养模式的指导思想下，进行了一系列的人才培养模式创新。

（一）人才培养方案体现高校与地方特色

在修订人才培养方案之初，需要确定修订培养方案的目的和中心思想，与其盲目地参考其他院校的培养方案，不如树立正确的人才培养目标。国际经济与贸易专业的学生，不仅要与国际接轨，还要同地方接轨，为地方经济服务，为本地企业"走出去"贡献自己的才能。正所谓术业有专攻，作为外语院校的国际经济与贸易专业，不应舍近求远，在人才培养方案中应加强我校学生的外语优势。在最新的人才培养方案中，英语课程达到了305学时，这是其他高校很难达到的课时水平，再加上专业课中有10门课程是全英授课，学生有足够的语言环境来强化自己的专业英语水平。在基础课程中，国际经济与贸易专业同兄弟专业金融学、金融科技专业共同打造了一系列的专业基础平台课程，巩固了 FIT 模式中的"F"，给学生打下了扎实的经济学和

金融学专业基础，也为后续有深造需求的学生提供了充分的基础知识储备。专业基础平台课程包括宏微观经济学、管理学、金融学、数学、统计学、经济法、计量经济学等。近年来，重庆市金融开放合作迈向了更高的水平，依托中新（重庆）战略性互联互通示范项目（以下简称中新互联互通项目）、中国（重庆）自由贸易试验区（以下简称重庆自贸试验区）等战略平台，扩大金融高水平双向开放；成功举办五届中新（重庆）战略性互联互通示范项目金融峰会（以下简称中新金融峰会），中新互联互通项目下跨境金融产品累计融资 130 亿美元；积极开展跨境投融资创新业务，中西部地区首笔跨境不动产投资信托基金（REITs）、全国首单非银金融机构借款及结汇业务落地、铁路提单信用证融资结算等几项创新被商务部纳入"自贸试验区最佳实践案例"并向全国推广。在此背景下，本专业在人才培养方案中也加大了与之相关的专业课程比例，如国际金融、国际结算、外汇业务等，为重庆本地的发展提供了迫切需要的专业人才。

（二）课程体系既要"动静结合"又要数智化

在制订人才培养方案时，课程体系的构建要符合"动静结合"的要求。"静"是指专业基础课程尽量包含经济学大类的所有课程。这类课程相对稳定，不需要做太大的调整，同时也会降低"断头课"出现的概率，保证教师备课有充分的完善空间，保证了教学质量。从学生角度来看，使学生的知识体系更加全面，不会出现明显的学科知识缺陷。"动"是指按照当前社会需求和热点对专业必修课进行小幅度的动态调整，例如，增设跨境电商、国际市场营销、国际商务谈判等课程，保证课程的时效性。另外，在新文科建设中，还需要融入自然科学，这也正好体现了 FIT 人才培养模式中的"I"。在课程体系中积极融入当前热门的金融科技、大数据应用、区块链、云计算等专业知识，增设相关课程，提高人才培养的数智化水平。

（三）校企深度合作打造实践基地

学校应摆脱以往走马观花式的实践方式，为了保证实践教学的质量，对合作企业要精心筛选，筛选指标包括企业的管理水平、企业文化、外贸业务活跃度、订单量、企业培养自用人才的积极性、企业行业导师指导水平等。让每个学生到筛选出的企业进行实习，深度了解外贸企业的运作方式、各项业务流程和真实的职场人际关系的处理。目前我院已经签约了 10 个企业，但是外贸企业的规模还不足以容纳全部的学生去实践或实习，下一步我院将会加大校企合作力度，争取联合培养学生，解决学生的就业问题。在指导学生实践方面，我院采用三导师制度——"专业导师 + 行业导师 + 语言导师"，专业导师为学生提供专业知识方面的帮助，包括科研和专业竞赛指导；行业导师为学生提供实践指导，包括实习和创业；语言导师帮助学生强化语言学习，提高学生的语言能力和跨文化交际能力。这样一来，学生可以全面地提升各项能力，这也体现了 FIT 人才培养模式中"T"的理念。

五、结语

四川外国语大学国际经济与贸易专业作为国家级一流专业建设点，一直秉持为西南地区的对外开放输送具有国际视野和国际竞争力的高素质复合型、应用型、创新型的涉外商务人才的初心，未来还将继续同地方接轨，加快专业建设的步伐，多渠道、全方位地优化人才培养模式，为社会培养所需人才。

参考文献

［1］方友熙，闫玄，李成宇．新文科背景下本科大学课程体系的新探索——以国际经济与贸易专业为例［J］．海峡科学，2020（1）：84－87.

［2］张倩男．新文科背景下国际经济与贸易专业创新发展研究［J］．产业与科技论坛，2021（13）：107－108.

［3］陈伟芝．基于"互联网＋课程思政"的国际经济与贸易专业人才培养模式研究［J］．黑龙江教育（理论与实践），2021（10）：19－20.

［4］邢学杰．基于人才培养目标的新商科课程体系建设——以河南省国际经济与贸易专业课程体系建设实践为例［J］．安阳工学院学报，2021（5）：126－128.

［5］李静，董思思，李梅．互联网＋跨境背景下国际经济与贸易人才培养研究［J］．教育教学论坛，2021（31）：13－16．

［6］魏培梅．国际贸易一流专业人才培养模式研究［J］．合作经济与科技，2021（11）：90－92．

［7］张倩男，陈贤康，杜文静．疫情防控常态化下国际经济与贸易一流专业建设思考——以广东省为例［J］．经济研究导刊，2021（14）：75－77．

［8］倪晗，张佳敏．地方高校国际经济与贸易专业人才培养问题研究——以东北石油大学为例［J］．黑龙江科学，2022（1）：54－56．

［9］殷晶晶，陈欢．"互联网＋"背景下独立学院国际经济与贸易专业人才培养模式研究——以红山学院为例［J］．质量与市场，2021（20）：70－72．

新文科背景下金融科技人才培养探索研究*

张　云

摘　要： 本文在对金融科技进行简单介绍的基础上，提出了金融科技人才需要具备的几种关键技能，并对目前高等学校金融科技人才培养方式进行了总结和分析，最后以区块链技术为例，对商学院培养金融科技人才提出了几点建议。

关键词： 金融科技　人才培养　区块链

一、引言

随着各个科学领域的新思想、新概念和重大突破的出现，大学应修改其课程设置，教师应更新教学内容，以反映新的科学发现。对于重大发现和突破，需要对课程进行大幅修改，甚至需要开发新课程和新项目，这往往需要大量时间，挑战也更大。近些年，新兴技术使得传统金融服务方式产生了重大变革，催生了对金融与科技复合背景人才的社会需求；同时，也对传统金融学理论提出了新的挑战，新文科背景下学科交叉融合显得越发重要。

金融科技是指涉及科技赋能的商业模式在金融部门内的创新。金融科技可以促进去中介化，变革现有公司创造与提供产品和服务的方式，解决隐私、监管和执法挑战，为创业提供新的途径，并为包容性增长创造基础。金融科技也标志着越来越多的技术方法可以实现主要金融中介功能。这些金融中介

---

* 本文系四川外国语大学教学改革研究项目"'红色金融'赋能金融类课程思政建设的模式与路径研究"（编号：JY2474230）的阶段性研究成果。

功能包括支付、融资、汇款、管理不确定性和风险、市场价格发现以及调解信息不对称和激励等。

本文首先对金融科技的定义、发展、运作和重要性等进行简单介绍，并指出金融科技的发展趋势；其次对金融科技人才所需的专业技能进行讨论；再次分析目前高等学校金融科技人才培养的方式；最后以区块链为例，提出教授金融科技类课程的几点建议，使学生不仅能了解金融科技的工作原理，还能了解何时使用它为企业获得竞争优势。

二、金融科技简介

金融科技，指的是为改善传统金融服务企业和消费者的方式而创建的软件、移动应用程序和其他技术，从简单的移动支付应用程序到包含加密交易的复杂区块链网络，都属于其范畴。金融科技公司使用技术增强自动化金融服务，例如移动银行、点对点支付服务、自动投资组合管理器或交易平台，以及加密货币开发和交易平台。

虽然金融科技主要是指近些年才兴起的一系列技术，但其基本概念已经存在相当一段时间了。20世纪50年代早期的银行信用卡通常代表了第一批向公众开放的金融科技产品，因为它们改变了消费者在日常生活中携带实物货币的方式。从那时开始，金融科技逐渐发展，有了银行大型主机和在线股票交易系统。1998年PayPal的成立，代表了首批互联网金融科技公司的兴起。这场金融科技革命催生了我们今天经常使用的移动支付应用程序、区块链网络和社交媒体支付选项。

金融科技简化了消费者或企业的金融交易流程，使其更容易获得金融服务并享受更多实惠。例如，移动支付服务允许使用者在一天中的任何时间向其他人汇款，将资金直接转到目标银行账户。金融科技还改变了电子商务行业，使在线购物变得更快捷、更安全，人们甚至可以使用数字钱包进行购物。金融科技让人们可以在线管理银行、投资和保险账户。过去，这些金融账户需要去网点或通过客服进行管理，但现在可以轻松地在线管理。

近几年，金融科技在不同领域取得了更大的发展。金融科技的发展趋势主要集中在以下三个方面。

第一，数字银行业务增长。许多消费者选择通过数字银行管理他们的资金、申请和支付贷款、购买保险。这种简单性和便利性可能会推动该领域进一步发展。

第二，区块链应用更加广泛。区块链技术允许在没有政府或其他第三方组织参与的情况下进行去中心化交易。近年来，区块链技术的应用一直在快速增长，随着越来越多的行业有高级数据加密需求，未来这一趋势可能会继续。

第三，人工智能（AI）和机器学习（ML）方兴未艾。AI 和 ML 技术改变了金融科技公司的规模，重新定义了它们为客户提供的服务。AI 和 ML 可以降低运营成本，增加客户价值，并检测欺诈行为。随着这些技术变得更加实惠和易于使用，它们在金融科技的持续发展中也会发挥越来越大的作用。

三、金融科技人才的专业技能

金融科技主要由人工智能、大数据和区块链技术驱动。这些技术重新定义了公司交易、存储和保护数字货币的方式。具体来说，人工智能可以为企业提供有关消费者行为和消费习惯的大量数据分析，从而使企业更好地了解客户。大数据分析可以帮助公司预测市场变化并创建新的数据驱动业务战略。区块链是金融领域的一项新技术，允许在没有第三方参与的情况下进行去中心化交易。

金融科技使金融服务的方式发生了前所未有的转变，我们看到越来越多的金融机构需要有才华和合格的专业人员为其增加价值。金融机构的人才需要什么样的专业技能才能从竞争中脱颖而出？第一，金融基础。例如，要在当今高度市场化的金融领域站稳脚跟，需要金融分析、财务分析和时间序列分析等核心知识。第二，区块链和加密货币知识。第三，能应用人工智能和机器学习进行数据分析。第四，编程能力。绝大多数金融科技企业使用移动应用程序或网站来扩大其影响范围并增加消费者价值。程序员和软件开发人员主要负责构建和维护这些网站和应用程序，确保它们是安全、高效和可导航的。流行的金融科技编程语言包括 Java、C＋＋、Python 和 Ruby，其中 Python 非常适合金融行业，因为它可以满足特定的需求，如定量和定性数据分析、建立风险和贸易管理平台、处理和分析大型数据集、简化数据监管等。

四、高等学校金融科技人才培养方式

目前国内外一些高等学校培养金融科技人才的方式主要包括以下三种：一是增加专业课程、学位课程、讲座和培训班；二是组建学生俱乐部；三是孵化创业企业。国外许多顶尖大学通过一种或多种方式将金融科技内容添加到课程中。其中一些课程教授区块链、加密货币等技术；一些课程专注于数据分析；还有一些课程在更高层次上探索该行业，研究金融科技颠覆金融、银行和保险行业的方式。

但目前，大多数大学才刚刚开始探索和发展金融科技专业及相关研究。国内大学开设金融科技课程的主要方式如下。

第一，开设金融科技基础或金融科技专业课程。一些高校只开设金融科技概述的课程，对金融科技的总体发展情况进行阐述。一些有金融科技专业的高校则会从更专业的角度进行讲授，比如开设加密货币、大数据、人工智能等课程。

第二，建立学习小组。一些大学有学生主导的金融科技学习小组。学生能够通过举办活动、参加会议、撰写论文、进行实习和参与职业网络课程等补充专业知识。

第三，提供硕士研究生学位课程。由于国内高校的金融科技专业刚刚兴起，目前只有部分财经类大学提供了金融科技硕士研究生学位课程。

第四，大多数学校在讲授课程和课程项目活动中会使用商业案例、研究文章和白皮书等作为教材的补充。

第五，大多数课程和项目由高校的教师讲授，部分会辅以客座教授。客座教授通常是金融科技公司的高管，以及来自风险投资和私募股权公司的金融科技从业者。

第六，相当一部分的金融科技课程内容以创业和加密货币为重点。

在四川外国语大学，我们已经将金融科技专业纳入国际金融与贸易学院，在大数据、区块链、数据库等技术类课程中融入了金融元素。未来，我们将为学生举办各种研讨会，也正在谋划为学生组建一个金融科技俱乐部，让一些本科生和研究生在金融科技公司实习。

五、如何教授金融科技类课程——以区块链为例

区块链技术可能改变传统的货币价值体系。我们应该如何为学生设计更好的区块链课程？

（一）理解透明化和去中心化这两个关键方面

首先我们必须强调的是，没有单一的区块链技术。在区块链网络中，信息存储在区块中。结合加密机制，区块链能够以防篡改和透明的方式存储交易或其他数据值。

我们需要让学生了解并知道如何应用该技术，有两个关键方面。一是透明化。区块链的主要优势之一与结算层有关，该技术可以应用于各种环境。这种新形式的信息基础设施在管理一系列交易时具有透明化的优势。二是去中心化。Web 3.0 的关键概念之一涉及去中心化金融（DeFi），其中包括开发由不同代币经济体组成的不同金融和经济系统。该系统的特点是经济组织在价值创造的各个阶段高度分散。

为了利用区块链的透明化和去中心化的优势，企业必然需要精通相关技术的业务经理，他们可以针对特定案例提出最佳的区块链解决方案。使用区块链技术为企业带来竞争优势的关键角色将是业务经理，而不是计算机专家。业务经理不需要深入了解区块链的算法，但需要对该技术的应用和优势有基本的了解。

（二）开展社会实践

加深学生对区块链了解的最好方法是要求他们动手完成项目，他们可以在实践中深入理解区块链的特征与应用。为此，我们可以将学术界和企业界

聚集在一起进行研究、授课、原型设计等。我们鼓励学生从一个基本问题开始进行案例研究，让学生接触区块链的真实案例会激起他们的兴趣。例如，可以同企业合作开发基于区块链技术的电动汽车模型、基于以太坊加密货币的交易模型等。参加会议也是让学生接触行业前沿的重要机会，学生和教师可以通过参加会议与有关企业建立联系并获得合作机会。

（三）重视教育的目的

只有少数商学院的毕业生需要了解密码学背后的深层机制，这些毕业生会像计算机科学家和密码学家一样，成为企业 IT 团队的一员，进行区块链基础设施的设计和建设。大多数学生将成为有关平台的管理者，而不是设计它们的计算机科学家。因此，大多数学生只需了解区块链的基础知识。

学生要能够在未来的工作中有效地使用区块链技术获得竞争优势，就不可避免地需要"在做中学"。因此，学校在教学内容的制定中要明确教育的目的，合理设置课程。

六、结论

在移动和数字金融服务快速、持续增长的推动下，金融科技作为一个新兴行业，其未来是光明的。为了利用技术的优势，金融企业需要金融科技类人才。高等学校开设相关专业或课程，应该让学生接触真实的案例并让学生进行可以应用相关技术的实践活动。如果高等学校的人才培养方式得当，金融科技课程有可能为学生提供理想的就业机会。

参考文献

［1］NARAYANAN A，BONNEAU J，FELTEN E，et al. Bitcoin and Cryptocurrency Technologies：A Comprehensive Introduction ［M］. Princeton：Princeton University Press，2016.

［2］VOSHMGIR S. Token Economy：How the Web3 Reinvents the Internet ［M］. 2nd ed. Berlin：Token Kitchen，2020.

新文科建设目标下产教融合实践教学基地平台数智化整合模式与发展战略研究[*]

鲜京宸

摘　要：为适应"一带一路"倡议的人才需求，需以提升数智化人才培养质量为核心，推动商科专业与科技的融合发展，促进产教深度融合，打造"动态空间实践教学工厂"，完成实践教学基地资源的分类协同；主动进行实践教学基地建设，以学科融通、产教融合为原则，实现实践教学基地的资源重组，推进商科专业数智化应用型人才培养模式创新与发展，不断完善实践教学基地的运行方式，形成有效的实践教学基地整合发展战略模式。

关键词：产教融合　实践教学基地　数智化整合

一、引言

2018 年 12 月 20 日，教育部经济和管理类教指委主任委员联席会议暨工商管理类专业教指委第一次全体会议在苏州召开，会议聚焦"新时代　新文科　新经管"，对新文科建设和卓越拔尖经管人才培养进行了部署。2019 年 4 月，教育部、科技部等部门联合启动"六卓越一拔尖"计划 2.0，明确提出全面推进新工科、新医科、新农科、新文科建设，旨在切实提高高校服务社会经济发展的能力，实现高等教育内涵式发展。

---

*　本文系重庆市高等教育科学研究课题项目"数字化转型期产学研协同创新精准创业育人模式研究"（编号：CQGJ19B203）、四川外国语大学国际金融与贸易学院 2021 年教改项目的阶段性研究成果。

二、概念与驱动力

2020 年 11 月，新文科建设工作会议在山东大学召开，教育部围绕新文科建设等问题作出系列重要论述。会议发布的《新文科建设宣言》构建了系统科学的新文科建设理论体系，为推进新时代新文科建设指明了根本方向并提供了重要遵循依据。

（一）概念的提出

2018 年 8 月，中共中央提出，高等教育要努力发展新工科、新医科、新农科、新文科（以下简称"四新"建设），正式提出新文科概念。2017 年美国希拉姆学院率先提出新文科概念（樊丽明，2019）。目前主要有两种具有代表性的观点。

（1）新文科是一种新的学科范式，是体系融合建设问题，是将新文科置于学科范畴内去考量其学科设置、学科发展、学科关系及学科体系等整体建设问题。

（2）新文科代表一种新的教育理念。将新文科建设置于教育范畴内去探寻所需要构建的新模式、新目标、新路径、新方法、新逻辑等问题。

（二）关键驱动力

1. 新文科建设驱动力

我国的新文科建设并非简单地将西方的教育理念照搬过来，其内涵与外延要丰富很多，包含内涵、目标、体系、路径、模式等，是将以上两种代表性观点糅合在一起的综合性建设，因为中国的新文科建设是一个自上而下的教育体系建设，本身就是创新。

（1）国家战略的需要。新文科建设的根本目标任务就是培养能够适应社会需要的人才，也就是要面向实践需求进行学科布局和人才培养内容更新。所有这些都需要我们将学科建设与现实的实践需求对接，以就业为导向，统筹各类资源，使我们的学生解决实践问题的能力得到提高，适应社会的快速发展需要（宁琦，2020）。

产教融合是推进高校发展的"高效"之举。对于"产"的布局与发展，必须打通生产、消费、分配、流通等环节；对于"教"的人才培养格局，须与产业挂钩并付诸实践行动，才能吸收最新科研成果，完成人才培养的内涵提升。对此，中国的高校需要抓住机遇，面向未来，通过推动产教融合，不断提升学科特别是新文科的综合实力和影响力。

（2）构建新文科建设格局的需要。目前我国有门类齐全的工业生产制造体系，为引领未来工业生产的潮流与趋势，需要各产业交叉合作，形成整体，这就对目前的教育系统提出了新的更高要求。新文科建设倡导跨学科的交流交融，并非简单地对各学科进行各种重叠组合，而是要坚持以问题目标为导向，充分发挥各学科在应对实践问题中的优势，充分借鉴学术和实践方法，实现理论与实践、认识世界和改造世界的统一。其目的正是通过跨学科的有机整合，解决重要的实际问题，进而构建系统化的新文科建设格局。

（3）理论与实践有机结合的需要。新文科建设从根本上来说，就是要回应和解决人与社会发展融合的问题，就是要体现德智体美劳全面发展的人才培养质量是否与社会进步协调一致。为此，要通过新文科建设，通过实践教育教学理论创新，进一步加强基础理论与应用的有机结合，并将两者整合的成果运用于人才培养的体系中（袁凯等，2020）。

2. 产教融合实施目标

深化产教融合已成为我国推进精准协同育人、创新人才培养机制、支撑经济社会发展的战略举措。对此，国家先后制定了系列政策，不断明确新时代深化产教融合的重要性、重点任务和基本遵循。

深化产教融合、校企合作是实现高校内涵式发展、增强人才培养适应性的重要举措。《国务院办公厅关于深化产教融合的若干意见》指出，深化产教融合，要逐步提高行业企业参与办学程度，健全多元化办学体制，全面推行校企协同育人。《教育部关于加快建设高水平本科教育全面提高人才培养能力的意见》进一步明确，要完善协同育人机制。建立与社会用人部门合作更加紧密的人才培养机制。加强实践育人平台建设，综合运用校内外资源，建设满足实践教学需要的实验实习实训平台。建立多层次、多领域的校企联盟，深入推进产学研合作办学、合作育人、合作就业、合作发展，实现合作共赢。推动创新成果与产业对接，增强高校创新资源对经济社会发展的驱动力（刘利，2020）。

三、实践教学基地的实践探索：举措与经验

高校应积极响应国家政策要求，立足自主需求，坚持立德树人、服务社会原则，创新体制机制，聚力推进多主体深度融合、产教融合实践教学基地建设，统筹谋划，创新举措，稳步推进深化产教融合的改革实践，着力提高人才培养质量。

1. 顶层设计

高校结合本校实际制订实践行动规划，进一步明确深化产教融合的目标、任务、举措，进一步凸显产教融合在人才培养中的重要作用。围绕新文科建设产教融合行动和措施，务实落实教师队伍建设，确保产教融合落地生根。

2. "创新项目 + 产教融合"模式

围绕创新项目载体加强行业跨界，建设一批新实践平台、现代产业学院、共性技术学院等载体，个性化地探索产教融合、校企合作新模式；构建"校内实验 + 校外专业实践""校内实训培养 + 校外专业基地培养""校内导师 + 基地导师"三位一体的人才培养模式；推进以教学、产业、实训和实践为教育逻辑的产教融合模式，改造和提升传统合作机制。

3. 立足根本，打牢人才培养底层架构

一是保障实践教育有效实施。通过"校企""校地""校校"合作，共建实践教学基地、现代产业学院等，发挥各主体优势，搭建人才培养实践教育平台，解决实践教学难的问题，为实践育人提供有力保障。二是促进教学资源形态转化。在推进产教融合的过程中，建设新形态下的新兴专业、交叉融合专业，推进新形态下教学资源的应用与共享，促进教育资源形态转化，为学科专业建设、"四新"建设和"六卓越一拔尖"计划2.0的实施奠定良好基础。

四、产教融合实践教学基地的应用价值分析

我们可从以下四个层面来分析产教融合实践教学基地的应用价值。

1. 微观课程层面

产教融合的出发点和落脚点是课程改革，最终决定产教融合是否成功。要加快推进课程教学内容和教学方法的改革，提升学生解决实际工作问题的能力，提高应用型人才培养质量。在课程综合化框架下解决课程教学中理论与实践不统一的问题，在一门课程中实现课堂教学与现场教学紧密结合，理论与实践融会贯通，并体现高校与产业双方对课程建设的共同参与和贡献。要在课程中引入相关产业的元素，部分内容授课由产业界人士承担，学生结合产业需求开展学习。在产教融合的实践中，应用型人才培养要强化专业教育，把对学生的创新精神、实践能力、社会责任感的培养融入专业教育的完整体系内。

2. 教学人才层面

高校与产业的合作必须建立在双赢的基础上，保证产教融合工作实现可持续发展。真正有价值的产教融合应该建立在双赢的基础上。教师是重要的纽带，对内连接学生，对外连接企业与基地，所以建设应用型高校，培养应用型人才，教师是关键。只有教师具备较强的应用型学术能力，对产业的运行规律和面对的问题有较深入的理解，才能保证产教融合的顺利推进。这就需要教师具备产业工作背景，或者取得行业的执业资格证书，当然学校也可以直接从有关企业聘任教师。除此以外，更加重要的是要提供渠道，使教师与行业企业保持可持续的联系，定期深入产业。只有这样才能保证教师的知识和能力结构始终对接产业，并与产业发展同步。

3. 专业层面

要建立应用型人才培养体系，能够快速而又低成本地对产业的人才需求变化做出响应。普通本科高校要把专业设置的学科导向转变为需求导向，进行人才培养供给侧的结构性改革。这项工作不是一般的专业调整，而是要改革专业建立和运行的机制。要理顺学科与专业之间的关系，按照"学科为主、

专业为核"的思路,把基层学术组织的设立逻辑从专业移到学科,由学科提供课程,将课程组合为专业,实现课程资源的开放与共享。同时,采用模块化技术改造课程体系,通过不同模块的快速组装,用较低的成本实现多品种、跨学科、敏捷化的应用型人才培养。

4. 学科层面

"数智化 + 教育"创新,可以解决需求导向与精准投放的问题。依托互联网强大的记忆与储存能力,使互联网、云计算、大数据、物联网等技术与现代制造业的基础产业设施结合,促进国际贸易、金融学等专业发展,这样可以满足学生灵活、多样、多变的需求。同时把我们的教学内容以合理的方式放置在互联网上,学生就可以实现需要什么实验就能做什么实验的愿望。

"数智化 + 教育"创新,可以突破实践课程的时间、空间限制,解决"虚"的难题。金融行业作为提供金融产品和服务的行业,"即时"的特征非常突出,这就使得我们的学生必须掌握"即时"知道、"即时"解决问题的能力,而"数智化 + 教育"的教学平台建设能极大地满足这样的需求。因为"数智化 + 教育"的模式依托互联网的即时传送技术,可以解决因为地理的距离、空间的间隔以及时间的不同步而无法完成交易的问题,大大解决了实践教育教学中"虚"的难题。

五、实践教学基地的建设路径

(一) 产教融合的基地师资队伍建设

实践教学基地的指导教师队伍建设与构成,是关系到产教融合成功与否的关键因素,应由合作双方共同草拟师资名单后经由各自的管理部门审定。师资队伍应由校方专业技术教师、企业专业技术人员以及相关管理人员共同组成。

(1)建立产教融合指导教师能力提升机制。企业可以通过产教融合实践教学基地,为学校的专业教师提供一线的实践生产经验。教师可以通过基地参与企业管理、营销、服务等活动,及时掌握企业最新技术,增强理论与实践相结合的能力,同时能把实践经验融入教学过程中。学校专业技术教师和管理人员可以通过实践教学基地，指导企业的相关科研攻关工作，提升企业专业技术人员和管理人员的理论素养。

（2）建立产教融合导师激励机制。校方可与企业签订相关岗位协议书，企业选派符合学院兼职教师资格，具有影响力的专家、一线技术人员和能工巧匠担任专业带头人和兼职教师，按照人事制度政策，支付工作报酬。

（3）双导师制度建设。双导师制是由学校导师与企业导师共同组成师资队伍。学校导师主要负责理论教学工作。企业导师可分为业界导师和企业师傅。业界导师由企业管理人员担任，负责整个培养计划的规划、组织。企业师傅由企业资深一线员工担任，负责直接对学生进行技术技能的指导。学校导师和企业导师并不是相互隔离的，导师之间要经常就学生培养、学生职业发展等进行沟通，形成合作的双导师团队。

（4）产教融合服务社会。鼓励基地教师充分发挥教学和项目研发中的经验和智力等多重优势，主动服务于行业、企业乃至区域产业经济发展和建设，包括开展企业员工岗前、职后、转岗培训，进行技能鉴定和资格认证，为区域或行业的技术创新、技术开发提供智力支持，举办科技讲座等。

校外实践基地的建设，以服务企业、提升技能、促进就业为宗旨，开展全方位、深层次、多形式的校企合作，建立健全专业层面校企合作办学机制和专业服务产业能力不断提升的螺旋循环机制，形成企校共建专业、校企合作育人、专业建设反哺产业的良性循环和可持续发展格局。

（二）实践教学基地战略发展路径

结合办学理念和专业人才培养目标，邀请实践教学基地企业参与，共同制定实践教学的培养目标和培养方案，共同组织实施实践教学，共同评价实践教学的培养质量，共同实现战略发展目标。建立一个技术先进、功能多样、科学创新、设备配置合理，反映当前金融、贸易、金融科技发展主流的，集教学、科研、服务、培训于一体的实践教学基地。构建以增强学生的实际就业能力为目标，实践教育与专业教育融合发展的模式，全方位提高学生的创新意识，提高商科课程的教学质量。同时，酝酿可向其他高校开放共享教育资源的实践教学基地建设模式，以提高实践教学基地的利用率及资源整合水平。金融、国贸、金融科技专业产教融合实践教学基地建议实施路径如图1、图2、图3所示。

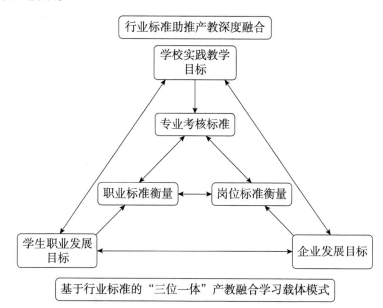

图1 金融专业产教融合实践教学基地建设实施路径

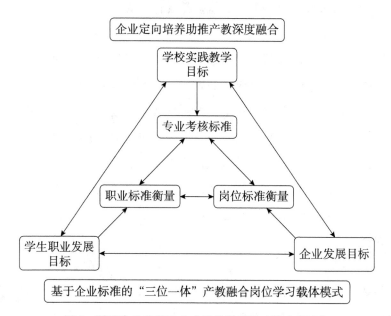

图2 国贸专业产教融合实践教学基地建设实施路径

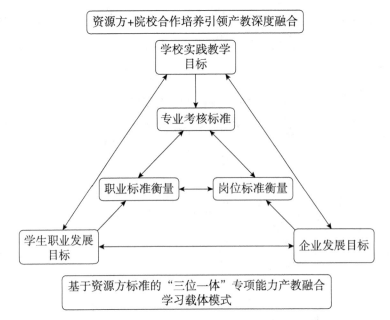

图 3　金融科技专业产教融合实践教学基地建设实施路径

（三）实践教学基地整合与优化的对策和建议

1. 消除平台异化，整合资源，增强开放合作意识

在"互联网＋"发展的大背景下，要实现高校教育资源的合理配置，最为迫切的任务就是优化教学实践基地空间布局，消除平台异化，淡化平台间的区别，树立格局意识和全局战略的思想。实践教学资源的利用与配置是一个整体，应该打破思维定式，利用虚拟仿真技术实现实体教学基地无法实现的内容，实现虚拟基地与实体基地的互补与互融，完成虚实结合的一体化建设。同时，还需要从思想上提高认识，增强开放合作意识，从实践教学基地的建设目标出发，进行整体谋划和布局，以开放的心态、开拓的思维和全局化的格局制订实践教学基地资源配置的战略，切实推进实践教学基地教学资源的合理流动。

2. 发挥实践教学基地优势，优化资源配置，实现资源重组

实践教学基地模式虽然比较成熟，但随着城市化的推进，也可能遭遇人才资源短缺、教师资源不足等问题。可通过以下途径解决：第一，建立实践

教学基地发展联盟，将各个地区实践教学基地的教育资源进行优势互补，促进教育资源的合理流动并提高其利用率；第二，对管理制度、内部考核制度、教学目标、教学内容等进行重新整合，实现教育教学资源的合理配置，以及实践教学基地教育资源的效益最大化；第三，构建有序的、多层次的、充分共享的实践教学基地教育资源体系。

3. 建立实践教学基地交流和共享机制

积极构建实践教学基地共享机制和平台，让实践教学基地的教学资源、教师资源、软硬件资源以及学生资源等得到充分的利用，发挥整体效应。第一，优质实践教学基地应利用自身优势，开设优质示范课堂和精品公开课，供其他实践教学基地学习。第二，开展学科研讨会等多种形式的交流学习活动，使得实践教学基地之间的教师水平与能力在交流中得到提升。第三，通过实践教学基地学生联合培养、学分互认等制度的建设，使学生培养的形式得到延伸，以更好地发挥基地优势。第四，创建数字课程共享和数字资源共享平台，利用慕课、云平台等网络方式对优质教育资源进行共享，使学生能够享受更多优质、更加丰富的教育资源。

4. 构建政策引导与市场调节的双驱动模式

实践教学基地整合和优化要想取得实质性的突破，就必须改变原有的机制和体制，构建政策引导与市场调节的双驱动模式。引导、调整和规范实践教学基地主体行为，为推动实践教学基地整合与优化提供机制和体制上的政策扶持。要发挥市场调节作用，优化实践教学基地资源配置，缺少优质资源的实践教学基地要吸引优质资源，改变劣势地位，而优质资源丰富的实践教学基地要打破原有的格局，积极开放共享，为其他实践教学基地提供更多的帮助。

六、总结

在实践教学的组织与实施过程中，应强调知识的综合应用和综合实习，提高学生适应职业岗位的能力。为此我们组织教师编写了实训指导书和考核办法，每个相关特色教学班保证至少有 1 名指导教师，指导教师要做好实训进程记录和考核记录，从过程和结果两方面保证教学的质量。

第一，专业建设中除重视教学设计与实施，还应注重"学用一体化"建设，通过"学练结合、学做结合"，增强学生实践能力。相关课程中根据职业岗位的需求在理论教学中安排适量的课内实践，在理论教学结束后设立实训专用周进行专项技能训练，在学生全部课程结束后安排毕业设计及毕业综合实习进行综合能力训练，以切实提高其知识应用能力和职业适应能力。

第二，逐步推行学历证书与职业资格证书双证书制度，逐步要求毕业生参加多种职业资格证书考试。

第三，重组、整合课程和教学内容，改革、创新教学形式和方法，突出对学生的技术应用能力训练与职业素质培养。

参考文献

[1] 樊丽明. 对"新文科"之"新"的几点理解 [J]. 中国高教研究，2019 (10)：10-11.

[2] 宁琦. 社会需求与新文科建设的核心任务 [J]. 上海交通大学学报（哲学社会科学版），2020 (2)：13-17.

[3] 袁凯，姜兆亮，刘传勇. 新时代 新需求 新文科——山东大学新文科建设探索与实践 [J]. 中国大学教学，2020 (7)：67-70，83.

[4] 刘利. 新文科专业建设的思考与实践：以北京语言大学为例 [J]. 云南师范大学学报（哲学社会科学版），2020 (2)：143-148.

关于日本推进"顶级全球性大学计划"的教育国际化举措与成效研究

毛卫兵

摘　要： 日本文部科学省于 2014 年推出了"顶级全球性大学计划",该计划通过对日本国内的高校进行全面深入的改革,达到推进日本高等教育国际化进程,提高日本高校的国际影响力和国际竞争力的目标。在推动国际化的进程中,充分发挥政府的主导作用和高等教育院校的主体作用。通过与世界一流大学共建高等教育网络、强化以项目为载体的国际交流与合作、在全球范围内运作大学间的跨国学生流动、国际化课程的建设等战略的实施,日本高校对其国际化人才培养模式进行改革,并取得了一些成效和有益的经验。这对于我国高校国际化人才培养具有借鉴意义。

关键词： 国际化人才培养　教育国际化竞争　国际化课程建设

一、引言

高等教育的国际化为高等教育发展注入了新的动力,通过吸收与借鉴全球范围内高等教育的理念、模式、发展路径、管理等方面的成功经验,助推我国高等教育发展迈向新的台阶。《关于做好新时期教育对外开放工作的若干意见》(中办发〔2016〕10 号)、《国家中长期教育改革和发展规划纲要(2010—2020 年)》等文件中均明确提出了扩大教育对外开放,提高教育国际化水平的要求。但是,我国高等教育国际化起步较晚,在国家的积极推动下,虽然取得了显著成果,但是尚缺乏丰富的高等教育国际化经验,国际影响力有待进一步提高。

从整体情况来看，我国以项目形式引导高校开展国际交流与合作的力度远远不够，需要进一步加强与世界一流大学的合作。以国家为主导，以大学为主体，激发高校办学活力，强化以项目为载体的国际交流与合作将有利于进一步提升我国高等教育的国际化水平，提升我国大学的世界影响力。

日本高度重视高等教育国际化发展，将国际化确立为高等教育改革和发展的重要战略之一。日本高等教育在经过普及化阶段后，为适应高等教育国际化浪潮，开始进入国际化发展阶段。为了推进日本大学与世界各国大学间的合作交流，强化学生的跨国流动，培养国际通用型人才，日本政府有计划地开启了一批日本大学进军世界一流大学的步伐。2014 年，日本文部科学省推出了"顶级全球性大学计划"（Top Global University Project），简称 TGU。通过构建丰富多样的国际化通识课程和专业课程体系、鼓励增加外籍教师和外语授课课程，促进日本高等教育学科专业和课程体系与国际标准对接；积极推动与国外高水平大学的合作，通过鼓励合作办学、建立海外分校等形式，不断提升日本高等教育的全球竞争力。经过多年努力，日本的世界一流大学建设颇见成效，英国 QS 世界大学排名发布的 2020 年度世界大学排名中，东京大学、京都大学、东京工业大学、大阪大学、东北大学 5 所日本大学进入世界大学 TOP100。

二、顶级全球性大学计划的出台背景

20 世纪 90 年代以来，伴随着经济全球化进程的不断加快，发达国家率先掀起了新一轮高等教育国际化的浪潮。为了适应国际化人才培养的需要，发达国家采取了一系列推进高校国际化的举措，国际范围内的高等教育国际化竞争日趋激烈。欧洲发布了《博洛尼亚宣言》，建立统一的高等教育体系，互认学分和学位文凭等，提高欧洲高等教育的国际影响力，为高等教育领域引入了竞争机制。亚洲方面，中国、韩国和新加坡等国家对高等教育给予了高度重视，推动高等教育国际化改革，掀起了新一轮高等教育国际化的浪潮。

自 20 世纪 90 年代开始，部分西方国家大幅度削减教育经费预算，许多高校为缓解财政危机，努力开拓高等教育国际市场。比如，澳大利亚将招收留学生作为创汇的方式之一，设置海外事务所强化招收留学生的体制。新加坡引进国际著名的学者、研究人员等，以把新加坡打造成世界级的教育枢纽为目标。

从日本国内的发展形势来看，日本人口结构发生了很大变化，高龄化和少子化的社会现状已成为不可忽视的事实，人口结构呈现倒金字塔状。从日本社会自身的生存和发展对劳动力的需求来看，引进大批外国留学人才是其重要战略措施之一。同时，欧美国家和亚洲新兴国家的高等教育国际化发展使日本政府感受到了强烈的危机感。面对日趋激烈的国际竞争态势，日本政府也积极探索如何通过高端人才培养促进日本的大学适应社会需求，培养能包容不同文化、解决全球性问题、开创未来的国际化人才。引进优秀的外国留学生，无论是对日本的高等教育，还是对整个日本社会，都会带来推动作用。

三、顶级全球性大学计划概况

2014 年，日本文部科学省启动了顶级全球性大学计划，旨在通过推进日本高等教育国际化的进程，带动大学的全面改革，提升日本高等教育的国际竞争力和影响力，力争至 2023 年创建 10 所世界百强大学。该计划将资助对象分为两大类：①"A 类顶级型"：以跻身世界百强榜为目标，开展世界高水平教育和研究的大学；②"B 类全球化牵引型"：勇于创新，并有望引领日本社会全球化发展的大学。经过公平竞争、严格评审，从 104 所大学中确定了 13 所"顶级型"大学和 24 所"全球化牵引型"大学。通过对教学体制、课程设置、评价体系等全方位的改革，吸引更多国际学生到日留学，加快日本高等教育国际化进程。该计划与以往日本政府出台的有关推进大学国际化的政策及配套项目相比，具有以下几个方面的特点。

1. 政府的资金支持

OECD（经济合作与发展组织）发布的信息显示，2018 年日本适龄人口中有一半以上的人接受了高等教育，高于 OECD 国家平均水平 13 个百分点；2016 年日本政府对学生平均教育经费投入为 12100 美元，远高于世界平均水平。尽管日本学生的人均教育经费在全世界名列前茅，但报告指出，日本教育经费投入与 GDP 的比例在 OECD 国家中处于较低水平，日本需要扩大高校资金来源，确保国家经费投入。根据顶级全球性大学计划的安排，日本政府将对入选的大学给予重点财政资助，鼓励国内顶尖大学进行国际化改革，打造有利于国际竞争的教育环境。

2. 实施第三方评估

为保证项目评审的公正性，实行第三方评估制度。对顶级全球性大学计划，文部科学省还委托了独立行政法人日本学术振兴会负责具体运营该计划，包括组织评审、发布信息、协调联络等。日本学术振兴会于 2014 年成立了项目委员会，评委由来自教育界、学术界、产业界和行政界的专家学者组成，负责综合协调、遴选、考核和评审项目，并且沿用三段式评估方式，即实行事前、中期、事后审查评估。

3. 实施可量化的国际化通用指标

政府对大学国际化实施情况进行评估，从而引导大学的发展方向；大学则紧跟政府的政策导向，通过认真研究世界顶尖大学的评价体系，不断强化大学内部的结构性体系，引入国际通用指标评价和保证高等教育的质量。顶级全球性大学计划设计了全面的考评指标和应达到的数值目标。日本学术振兴会制定了详细的可量化的通用指标体系，通用指标包括国际化、教学改革和大学治理改革三大模块。其中，国际化模块主要由多样性、流动性、留学支援体制、语言能力、教务体系的国际通用性以及国际开放度 6 个大项 26 个小项构成；教学改革模块由提高教育质量与促进自主学习、入学考试改革及灵活多样的学制体系 3 个大项 11 个小项构成；大学治理改革模块主要由人事制度、教务管理 2 个大项 10 个小项构成。

（1）国际化模块。

①多样性：占本校教员人数的外籍教员比例；占本校职员人数的外籍职员比例；占本校教师人数的专职女性教师比例；占本校职员人数的专职女性职员比例；占在校学生总数的外国留学生比例。

②流动性：占日本学生总数的赴海外留学的人数比例；按照大学协议赴

海外交流的人数。

③留学支援体制：面向日本学生赴海外留学的援助体制；面向留学生的援助体制。

④语言能力：外语授课科目数占全校开课总数的比例；全外语学位设置状况；全外语学位专业数占总专业数的比例；日语语言辅导体制；学生外语水平的测试以及提高外语能力所采取的措施。

⑤教务体系的国际通用性：课程国际编号的实施状况与所占的比例；GPA 设置状况；教学大纲的英语化程度；教学计划的国际通用性与质量保证（教学内容的国际通用性，英语授课教师的培训，AACSB 等认证情况）。

⑥国际开放度：灵活的校历制度（与世界接轨的秋季入学毕业制度）；以国际会考成绩代替入学考试成绩的制度；海外考点设置状况；奖学金授予预先通知状况；日本学生与外国留学生同住的学生宿舍建设状况；海外办事处的设置状况；毕业留学生网络及同窗会的建设情况；外语信息传播等。

（2）教学改革模块。

①提高教育质量与促进自主学习：学习实践保障（互动学习、教育课程体系化、全校的教学管理）；学生自主参与教学与大学运营（学生评价教师体系）；学生助理的实践；课程编码的实施状况；GPA 的导入；教学大纲的英语化。

②入学考试改革：以托福等校外考试成绩代替入学考试成绩；灵活多样的入学选拔考试制度等。

③灵活多样的学制体系：灵活的调换专业、院系等制度；提前入学或毕业；研究生 5 年一贯制课程等。

（3）大学治理改革模块。

①人事制度：实施年薪制的人数及其比例；任期聘用制的人数及其比例；具有国际通用的人事评价制度；国际通行的聘用制度及教师培训研修制度。

②教务管理：高级职员培训体系；中期发展规划的制定；快捷决策的组

织建设；外国人参与决策的体制建设；大学评价体系研究；教育信息的彻底公开化。

4. 课程建设

引进一流的课程是提高课程质量及其国际化水平最直接、最快捷的方式之一。各学校应推广使用国际通用的专业名称和学位名称，并增加对应的英文翻译，以提高学位的国际通用性。积极吸收不同背景和经历的教师充实教学岗位，特别是提升外籍教师雇用比例，增加英文授课课程，构建内容丰富、覆盖面广的国际化通识课程体系。"A 类顶级型"大学从世界一流大学引进、开发一系列双语、全英文课程和全英文学位项目。授课教师由日方和外方共同组成，传授本学科的国际前沿知识，以培养学科领域具有国际学术竞争力的人才。例如，东京大学在强化传统通用英语教学的基础上，提高了学术英语的比例。一方面，在着重强化学生英语交际能力的同时，针对托福、雅思等英语考试开设了相应的选修课程，使学生能够顺利通过英语实务能力考试；另一方面，从大学一年级开始将学术英语设为主干必修课程，课程内容可细分为通用学术英语和专业学术英语，前者侧重培养学生的学术口语和书面表达能力，后者侧重某一学科的语篇体裁所需英语知识的传授。日本东北大学成立了通识教育院，专门负责通识课程的设计规划。具体而言，该校的通识课程分为三大类：一是共通科目类，包含外语、信息、体育等科目，均为必修课程；二是主干科目类，下设人文论、社会论和自然论三个类别；三是拓展科目类，分为人文科学、社会科学、自然科学、综合科学四个部分，学生可以根据需要和兴趣自由选择。不难看出，这种立体式的课程结构布局，将人文社会类课程和自然科学类课程融合，改变了传统通识教育"重人文轻科学"的固有模式。

5. 线上国际化课程建设和学分互认体系的建立

顶级全球性大学计划要求各高校积极吸收不同背景和经历的教师充实教学岗位，特别是提升外籍教师雇用比例。在增加英文授课课程，构建内容丰富、覆盖面广的国际化通识课程体系的同时，高校在学科专业设置方面也突破文理科系的局限，充分利用网络通信技术，以灵活多样的形式与世界一流大学合作建设网络课程和学分互认制度，并建立严格的内部质量管控体系。在学位授予、课程设置和入学要求方面制定明确的标准，公开课程设置、教学进展、就业和反馈评价等教育教学相关资料和成果，确保教学质量的国际认可度。例如，合作开发、建设虚拟校园（Virtual Campus）在线优质课程是顶级全球性大学计划实现国际化人才培养的重要途径，将全球协作式的在线学习教育理念活用到高等教育国际化的实施中，通过信息技术发展大学间的国际合作，共享跨国课程，促进日本大学教育管理的国际化。建设虚拟校园和构建网上学习平台，将日本大学与国外大学的强项专业课程、精品课程、国际化课程上线，实现优质教育资源共享。

四、成效与启示

顶级全球性大学计划取得了一定的成效，有效提升了日本高校的国际化程度，在量变的基础上促进了日本教育的国际化质变。2021 年，日本学术振兴会制定了专门的"项目跟踪调查问卷"，该问卷从定性、定量两方面对各大学开展的项目予以测评，中期评估结果显示：在 13 所"顶级型"大学中，共有 2 所大学获 S 级评价，10 所大学获 A 级评价，1 所大学获 B 级评价。由此可见，日本通过国家力量助力世界一流大学建设所采取的措施科学有效。在教学资源上，TGU 计划增加了外籍教师以及留学归国教师的配置战略，强调组建国际联合教学团队，以英文为核心课程的主要授课语言，鼓励大学增设英文授课，在学生派遣与接收、外语教学的师资保障、双语课程建设、全英课程建设等方面取得了显著成效。截至 2019 年，外籍专职教师及国外取得学位的教师占比由 2013 年的 27.6% 上升到 34.5%，达成目标的大学有 11 所（见图 1）；外语授课占全部课程数量的比例由 2013 年的 7.2% 上升到 16.9%，达成目标的大学共 27 所（见图 2）；双语课程占比达成目标的大学共 25 所（见图 3）；全英语课程占比达成目标的大学共 25 所（见图 4）。另外，引入全英课程项目不仅惠及许多不懂日语却对留学日本有诉求的海外学生，也打破了日本交流交换项目必须使用日语进行学习的惯例和传统。受益于全英课程项目日渐成熟，海外学生的数量也在不断攀升。

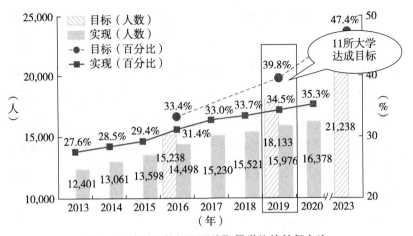

图 1　外籍专职教师及国外取得学位的教师占比

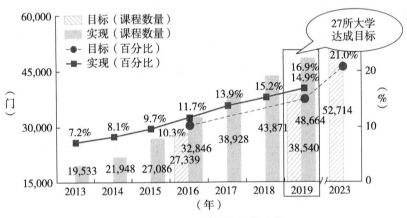

图 2　外语授课的课程数量占比

图 3　双语课程占比

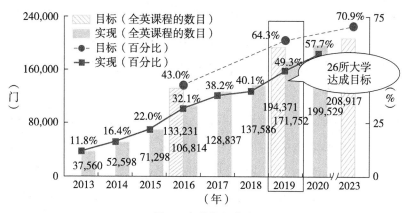

图4 全英课程占比

我国的高等教育国际化战略也应扎根于中国的实际，围绕国家需求，立足各高校发展情况，认真吸收其他国家的先进办学治学经验，遵循教育规律，将人才培养国际化与国家的经济社会发展需求相结合，配合并服务国家的重大发展战略，搭建相匹配的多层次国际交流平台。结合国家战略，将高校发展放置于全球化背景下，用国际化的理念思考高等教育发展问题，提升高校的国际化水平，推动人文交流。我国与日本同为非英语母语国家，缺乏英语环境，汲取日本高校的办学经验，对推进我国高校国际化发展具有积极的意义。

参考文献

［1］刘宝存，张伟.国际比较视野下的创建世界一流大学政策研究［J］.比较教育研究，2016（6）：1-8.

［2］陈瑞英.日本推进高等教育国际化新举措——以"顶级全球性大学计划"为例［J］.比较教育研究，2016（3）：32-38.

［3］张照旭，李玲玲，蔡三发.日本建设世界一流大学的多维行动路径——基于"全球顶尖大学计划"A类大学的研究［J］.比较教育研究，2019（10）：3-10.

［4］吴薇，邱雯婕.日本一流高校国际化战略的注意力配置——以"顶级全球性大学计划"A类高校为例［J］.江苏高教，2020（4）110-117.

［5］郑淳，杨帆，江楠．"全球顶级大学计划"背景下日本顶尖高校国际化战略的特征与启示［J］．教育评论，2020（11）：149－156.

［6］杨薇，王光明．日本高等教育国际化的新进展及其启示［J］．黑龙江高教研究，2020（6）：80－83.

［7］薛博文．日本推进高等教育国际化新战略——"全球顶级大学创建计划"的进展、案例和启示［J］．高等教育研究学报，2021（1）：65－74.

［8］日本学术振兴会．"Top Global University Project"大学支援事业概要 2014［EB/OL］．https：//www. jsps. go. jp/j－sgu/data/SGUbrochure. pdf.

课程教改与教学法篇

Seminar 教学法在新文科建设中的创新应用探索*

陈 书

摘 要： 在新时代、新发展背景下，新文科建设对高校文科教育提出了新的要求，即要在学科融合、文化价值引领、优化课程体系和培养学生综合素质等方面改革创新。Seminar 教学法的创新运用不仅可以很好地解决新文科建设中所遇到的客观实践问题，还能增强学生的学习积极性，有效推动教学进程，丰富教学内容，提高教育教学的前瞻性，顺应课程建设的新时代变化，以及促进新媒体、新技术的实践应用。基于此，本文提出了学科融合应用尝试、改良案例教学尝试，以及重塑教学评价尝试等方案，希望能为经贸类课程的新文科建设工作提供参考。

关键词： Seminar 教学法 新文科 课程建设 创新应用

一、引言

《新文科建设宣言》的发布代表着新时代中国高等文科教育进入了一个创新发展的新时代，新文科建设成为当前高校综合建设的核心关键词，也对新时代下的人才培养作出了新的部署。

新文科建设无疑对课程建设体系、高校人才培养模式、教学工具和手段

* 本文系 2022 年四川外国语大学教学改革研究项目"新发展格局下'国际服务与技术贸易'课程设计融入'新文科'理念的教学模式改革研究"（编号：JY2296222）、2022 年四川外国语大学"三进"课程思政专项教改项目"逆全球化背景下'国际服务与技术贸易'课程教学设计推进'三进'工作的模式与路径研究"（编号：SJ223024）、四川外国语大学国际金融与贸易学院 2021 年教育教学改革项目"新文科建设背景下'国际服务与技术贸易'课程教学改革与实践创新探索"等的阶段性研究成果。

都提出了新的要求。为了实现新时代新要求下的高校专业教学高质量建设目标，亟须我们对当前的教学方案、模式和手段进行合理调整和大胆创新探索。

新文科建设的目的在于推动文科教育的创新发展，从根本上提高文科教育的质量，这对经贸类一流本科专业的建设提出了新的挑战。培养治国理政高端人才是经贸类专业建设的根本任务，亟须提高教师学术水平，强化基层教学组织建设，促进专业优化，夯实课程体系，推动模式创新，打造质量文化（于明远，2021）。在大数据时代背景下，各种新鲜事物层出不穷，新的知识不断涌现，需要培养学生主动接纳更多知识的能力，在丰富教师教学方法的同时，也给教师的工作带来了挑战，新的教学平台和教学方式的采用，对教师教学、学生学习大有裨益（葛志财和王敏，2020）。随着科技的发展、时代的进步以及移动互联网的普及，专业教师应该充分利用信息化手段，采用"互联网＋"的教学方式，利用腾讯 QQ、微信和各类网络教学平台，采用线上线下混合式教学模式促进学生主动学习（罗薇和王梓，2021）。其中，翻转课堂和 Seminar 教学法在高校专业课程教学模式创新中受到了广泛关注。程晨（2019）认为，翻转课堂以教师为主导，以学生为主体，以课前、课中、课后三段式教学流程为设计思路，有利于提高课堂教学的有效性。陈洁和汤玲（2019）提出的改良 Seminar 教学法也为优化贸易专业课程教学模式提供了参考。

在此基础上，本文从 Seminar 教学法的基本内涵出发，探讨在新文科建设背景下，如何通过 Seminar 教学法的应用来应对全新课程建设和人才培养任务中的实践困难，并提出教学方法上的模式创新和探索尝试，以期为当前高校新文科建设工作提供一些参考思路。

二、Seminar 教学法的基本内涵与特点

"Seminar"一词源于拉丁文"Seminarium"，为发源地、苗圃的意思，在教育领域的应用指在教师的引导下，师生共同分析、探讨，获取答案（刘琼，2021）。

Seminar 教学法指通过教师引导推进的方式，开展以学生为主的讨论学

习，从而激发学生自主学习。这种开放式的教与学模式，能锻炼学生多层次、多角度的分析能力，从而实现学生综合专业能力培养目标。

（一）学生主体性

在 Seminar 教学法中，教学过程以学生为主体，并要求学生具有较强的自主探索精神。学生在教师的题目或任务指引下，通过自主阅读书籍、查阅文献和整理相关材料，自发组织和积极参与小组讨论等途径，形成自主思考和探索问题的思维方式。在课前、课中及课后的各个教学环节中，都体现出了学生自主学习意识的重要性，也让学生更具参与感、体验感和成就感，从而让学生以主体身份主动沉浸到学习过程中。

（二）师生互动性

传统教学模式是单向的信息传递，教师教导学生学习，师生之间的互动模式机械而简单，学生只能被动接受，无法及时有效地表达出自己的想法，不能及时反馈真实的学习效果，也不能做出很好的教学效果评价。

而 Seminar 教学法提供了"教"与"学"良性互动的途径，以教师为主导，以学生为主体，通过发散式的思维，激发学生独立思考，进行思想碰撞，使得专业课程的学习不再是简单而枯燥的单向信息传递，而是一种交流和研讨。课堂变成了大家进行思维碰撞、深度讨论的学术问题交流平台。在教师的引导和学生们不同观点的碰撞下，专业教学可以真正成为激发学生思想与学习热情，锻炼学生专业技能和积累知识的过程。

（三）教学综合性

Seminar 教学法强调的是学生的综合能力培养，对课程设计进行优化，从课前的准备任务、课中的讨论参与，到课后的知识巩固和知识面拓展，全方位地锻炼学生的综合能力，促进学生专业技能的培养和成长；突破了传统课堂在空间和时间上的局限性，把学习的主动权交给学生，引导学生自己寻求问题的答案，开展研讨式的进阶学习方式。突破传统教育的时空局限性，一方面能有效地提高学生的自主学习效率，另一方面能扩大学生的学习领域。当学习成为一种习惯和本能后，学习就不再是负担，而成为学生开拓视野、培养综合能力的武器，这使得专业教学更加完善和全面，更具有综合性。

（四）培养创新性

Seminar 教学法的核心是在教师的引导下，充分发掘学生的学习潜能，通过进行多层次、多方位的学习互动，真正实现学有所获、教学相长。这样的教学设计可以改善教师与学生的传统关系，教师不能再简单教，学生不能再简单学；打破了课堂讲授、期末打分的传统教学机制。在这种模式下，教师成了学生的学习伙伴和专业领域的领路人。

教师往往具有更完善的知识结构体系和缜密的思考方式，而学生拥有更跳跃的思维和接受新事物的能力，Seminar 教学法打破了传统"教"与"学"的界限，形成了教师与学生的良性互动。通过多元多维的思维碰撞，来培养学生的大胆创新意识，实现教学模式创新和人才培养创新。

三、新文科建设对教育教学的新要求

新文科建设是在新一轮科技革命和产业变革的背景下，顺应哲学社会科学新时代新发展的一项综合建设工作，对高校的教育学科融合创新、文化价值引领、优化课程体系、学生综合素质和能力培养等都提出了新的标准和要求。

（一）学科融合创新的要求

根据《新文科建设宣言》里提到的"文科教育融合发展需要新文科"，当前文科教育必须有效开展交叉学科、交叉融合学科以及交叉专业的一系列建设活动。面对日益复杂的社会现象和新时代的快速变化，高校急需跨学科专业的知识整合来推动高校新文科教育教学事业的新发展。只有打破学科专业的壁垒，推动专业之间的深度融合，甚至是文理专业的交叉融合，才能赋予学科教育现实意义，帮助解决当前复杂的、综合的社会问题以及培养出具有综合能力的专业学科人才。

（二）文化价值引领的要求

坚定文化自信需要新文科，社会的进步和经济的发展都离不开文化价值的引领。要承担起中华民族伟大复兴的重任，必须坚定社会主义核心价值观，只有这样才能建立起真正自信、自强的社会主义强国，才能不惧怕发展中的难题和冲突，才能真正走自己的发展道路。新文科建设背景下，要以学科教育引领文化价值，进而影响社会经济发展。因此，高校教育教学需要注入相应的课程思政内容并融入课程思政的思维体系，在学科建设、专业建设和课程建设上要真正做到"育新人""兴文化"。以文化引领未来高校的新文科建设，培养能够担负起新时代建设重任的社会主义接班人。

（三）优化课程体系的要求

建设高等教育强国需要新文科，高等教育的意义在于培养能够适应社会发展要求的高技术专业人才，这对提高教育教学的质量提出了要求。那么该如何推进高校的教育工作呢？首要任务就是优化专业课程体系设置，把专业课程作为一个基础建设单元，通过融合创新、师资力量的有效支撑，以及合理设计课程教学环节和教学内容，来保证获得好的课程教学效果和满意的教学评价。

（四）学生综合素质和能力培养的要求

新时代的人才培养必须对标新的社会发展需要。当前经济社会正发生着前所未有的大变革，一方面人才市场竞争激烈，另一方面专业人才的缺口也越来越大。新文科建设的目标，是力求能大力培养具有国际视野和国际竞争力的时代新人，能培养具有主人翁意识和自豪感的社会主义接班人。因此，要求高校的文科教育能培养出既具有较强专业知识技能，又具备综合竞争实力的文化新人。

四、Seminar 教学法可以解决的新文科建设实践问题

(一) 提高学生的学习积极性

传统教学过程中，学生只是教学环节的终点，只能被动地接收老师教授给他们的知识。学生的信息反馈比较滞后，教师的教学计划是固定的，不够灵活。格式化的教学内容，陈旧的教学模式，枯燥的教学体验，都无法很好地激发学生的学习热情。

而 Seminar 教学法把学生从被动的接收者变为教学环节的主体。学生在教师的指导下，自己发现问题、梳理问题、研讨问题和解决问题，教师的身份从单纯的讲授者变为综合教学的辅导者和引导者。这样的"双主体"教学模式能在很大程度上激发学生的学习热情，发现学生的学习兴趣，提高学生的学习主动性和积极性。

(二) 有效推动教学进程

在教学过程中，学生素质参差不齐，对知识的掌握不同，对理论知识的理解存在差异，这些都会影响既定教学计划的实行和教学目标的实现。Seminar 教学法，特别是其中的组队研讨环节，使学生之间实现团队合作。学生不但可以从教师那里获得相应的理论知识，也能从相互的交流探讨当中查漏补缺。这样就能把单线条的知识传递变为综合互动教学。学生不仅是信息接收者，也可以是信息发出者，在自我学习的过程中，也能帮助其他同学更深入地理解专业学科知识，这对有效推动教学进程起到了积极作用。

(三) 丰富教学内容

案例教学是在经济贸易类课程中经常采用的教学手段和方法。好的案例教学可以达到丰富教学内容、形象化教学理论、模拟现实问题、深入专业学习的目的。Seminar 教学法的深度研讨式案例教学，可以在一定程度上起到丰富教学内容、提升教学层次的效果。

同时，学生在指导课题下进行深入讨论和思维碰撞，可以自发地去搜索相应文献资料，主动思考问题。在这种情况下，课堂教学的广度和深度得以拓展，学生能学到更多有趣的、有用的、专业的文化知识。

（四）提升教育教学的前瞻性

传统教学对教材的依赖度很高，教学计划主要根据教材的章节来设计、推进。但是教材对于新问题、新表现的归纳整理有限，主要是针对经典理论、经典案例和问题的分析，涉及数据分析的部分不能满足客观教学需要，这就使教学缺乏一定的时效性。

采用 Seminar 教学法可以在一定程度上对教材内容进行补充，适当地引入热点问题的讨论，帮助学生学会运用传统的分析工具和方法来了解新问题、分析新问题、解读新问题，以达到学以致用、知识内容不断更新的目的。

（五）顺应课程建设的新时代变化

时代在变，客观现实在变，对学生的培养目标也在发生变化，教学内容和教学模式需要顺应时代做出改变。一成不变的教案不能适应新时代新文科建设的要求。

教学内容的安排、教学案例的采用、教学环节的设计以及教学评价机制，都需要与时俱进，以满足客观教学需要，保证学习效果。Seminar 教学法是一种深入研讨机制下的教学模式，可以充分发挥教师在教学中的引导作用，充分调动学生的主观能动性，保证师生之间的有效互动，更好地培养学生发现问题、表达自己想法的能力。因此使用 Seminar 教学法，一方面避免了课堂讲授变成对教材的简单复述，另一方面可以在教学过程中促进课程体系的完善，实现对教学内容的充实和更新。

（六）促进新媒体、新技术的实施应用

教学过程并不能固化在传统课堂上，学习与教学应该是一个长期的互动过程。只有在教学设备落后、教学手段有限的情况下，教学才会被局限在课堂上和既定的时间点。当然,教师也不可能每时每刻都在待命解决学生的所有疑难问题,这就需要一些新的科技手段作为辅助,帮助学生充分地利用时间进行学习,帮助教师提高授课质量和效率。

Seminar 教学法迫切需要引入教学软件、教学平台、新媒体等新技术。新技术的应用,一方面可以帮助学生收集更多有用的学习资料和信息,另一方面可以提高教师的授课效率。同时,Seminar 教学法也有利于教师深入了解学生的学习情况,以便进一步根据实际调整教学计划和教学方法。

五、Seminar 教学法的创新应用尝试

(一) 学科融合应用尝试

通过 Seminar 教学法,可以形成高效的信息传递路径和灵活的话题研讨机制。借助新媒体、新平台可以让更多跨专业的学生参与研讨活动,通过网络互联的方式打破传统课堂的时空束缚。同时可以做到在不同教学阶段,对重点研讨问题进行不同角度的分析,这有利于学生由浅入深地剖析客观现实问题;有利于学生运用不同学科知识,多维度地研讨相关话题;也有利于学生说出自己的看法,表达自己的观点,并且在此过程中不断锻炼自己的概括能力和分析能力。

(二) 改良案例教学尝试

案例教学一直是经贸类课程教学过程中的重要设计环节、重要教学手段。在 Seminar 教学法下,案例教学的灵活性更强。教师可以抛出话题,对经典的教学案例进行解读,学生自己也可以寻找合适的或者感兴趣的相关话题进行分析。经典案例与最新热点案例的有效结合,可以保证教学的广度与深度,并能使课堂教学与实践更好地融合,也能更好地激发学生投入课堂学习和研讨活动,以此来推进案例教学的革新,并在此基础上丰富案例库,不断对教学案例进行优化、升级。

（三）重塑教学评价尝试

传统的教学评价中，期末考试成绩所占的比例一般比较大，而对平时成绩的评价占比有限。Seminar 教学法，可以在一定程度上突破传统评价的局限。在每次的研讨过程中，该教学方式可以充分地对学生的学习能力、学习进度等情况进行跟踪模拟分析，尝试在学生的每一个学习阶段进行客观评价和总结，从而使最终的教学评价效果更为客观和准确。而且，这样的过程评价和多元评价方式，可以为之后的课程设计提供更多的信息参考和帮助，也为下一阶段的教学模式改革和创新提供更多思路及依据。

六、总结与展望

在新文科建设背景下，高校的经贸类课程必须顺应发展作出相应的改革和创新，在学科融合创新、文化价值引领、优化课程体系建设以及学生综合能力的培养方面都提出了更高更新的要求。基于此，Seminar 教学法给我们提供了一个很好的改革创新思路。Seminar 教学法具有学生主体性、师生互动性、教学综合性以及培养创新性的特点，可以更好地解决当前经贸类课程在新文科建设中遇到的矛盾和问题，可以增强学生的学习积极性，有效地推动教学进程，丰富教学内容，提升教育教学的前瞻性，顺应新时代课程建设的变化，促进新媒体、新技术的实施应用。希望 Seminar 教学法下的学科融合应用尝试、改良案例教学尝试、重塑教学评价尝试等方案的提出，能为经贸类课程的新文科建设及教学模式改革创新提供一定的帮助。

参考文献

［1］于明远．"新文科"与经贸类一流本科专业建设探索［J］．现代商贸工业，2021（36）：136－137．

［2］葛志财，王敏．高校采用"学习通"教学平台的分析研究——以《国际服务贸易》课程为例［J］．黄河　黄土　黄种人，2020（2）：62－64．

［3］罗薇，王梓．高职院校数字媒体应用技术专业课程思政教学改革探索

［J］．现代职业教育，2021（49）：12－13.

［4］程晨．翻转课堂在国际服务贸易教学中的应用［J］．当代旅游，2019（7）：52.

［5］陈洁，汤玲．《国际服务贸易》课程中改良 Seminar 教学法的应用［J］．时代金融，2019（21）：129－130.

［6］刘琼．Seminar 教学模式的应用研究［J］．科技创新与生产力，2021（8）：30－32.

新文科背景下外语院校"经济学原理" 课程探究式教学模式研究[*]

黄 森 刘爱琳 毕 婧

摘 要：以新文科建设思想为指导，提高课程教学质量，构建课堂教学新模式，是当前高校教育教学改革面临的又一重要任务。在此背景下，本文立足激发学习主动性的育人思想，针对外语院校的"经济学原理"课程教学模式改革的研究与实践，以探究式教学模式对传统教学模式进行改革创新。一方面，为一线教师的教学实践提供一定借鉴意义，促进课程改革的发展；另一方面，在提高课堂教学质量的同时，也为培养主动性更强、创新性更高的复合型经济人才探索新的教学思路。

关键词：新文科 "经济学原理"课程 探究式教学模式

一、引言

随着经济全球化和新工业革命的蓬勃发展，国际政治经济环境发生了很大变化。新时代呼唤高等文科教育的创新发展，新文科建设应运而生。新文科建设旨在优化学科专业结构，鼓励文理农医学科相互渗透，突出地方院校特色专业优势，努力建设具有中国特色、世界水平的一流本科专业。同时，新文科建设也对课堂建设提出了新的要求，即通过对传统教学模式和方法进

* 本文系四川外国语大学教学改革研究项目"新文科背景下'双线教学'在国际经济与贸易专业'经济学原理'课程教学中的应用与研究"（编号：JY2296223）、四川外国语大学研究生教学改革研究项目"'三全育人'背景下导师包容性指导对国际商务研究生科研素质提升的机制研究"（编号：yjsjg202217）、新文科和国际化特色建设研究项目（编号：SISUXWK202307）等的阶段性研究成果。

行变革和创新，全面提高课程建设质量，推动课堂教学革命。目前多数"经济学原理"课程的内容尚不能客观、科学、全面地向学生传授经济学理论、业务知识和操作技能。当今世界经济环境的复杂性、专业性、创新性要求"经济学原理"课程必须扩大范围，引入新的内容，创新教学模式，以培养经济学领域复合型人才。

因此，本文紧密围绕新文科建设理念，结合"经济学原理"课程教学的自主性、发展性与共享性的内在要求，从人才培养和课堂学情实际状况出发，以社会需求为导向，落实立德树人根本任务，重点探索外语学校如何在"经济学原理"课程中通过教学设计开展探究式学习，既促进经济学课程教育教学改革，又完成主动性更强、创新性更高的复合型人才培养目标。

二、外语院校"经济学原理"课程教学中存在的问题

通过对同行老师、授课学生进行访谈等，再结合笔者历年经济学授课经验，发现当前外语院校"经济学原理"课程教学存在以下几方面问题：①外语院校学生大多是文科出身，数学基础相对薄弱，而"经济学原理"课程是一门理论与实际相结合且数理逻辑十分强的课程，在课程学习中经常会涉及许多数学方面的问题，部分学生一旦涉及数学问题，就会产生抵触心理，难以产生学习兴趣，并且对学习失去信心。②"经济学原理"课程的教学内容以概念和理论为主，许多教师受传统教学思维的影响，以讲授法为主，往往忽略了学生对知识的接受程度，导致在课堂上一部分学生只是能听懂，但是不能完全掌握学习内容，甚至有学生表示课上听不懂教师讲授的内容。③目前针对外语院校"经济学原理"课程的教材很少，大多数选用美国经济学家曼昆编写的《经济学原理》，这一类教材虽然内容全面，入门相对容易，但是内容缺乏创新性，且不符合中国经济大背景，适用性较差。

在全球化时代背景下，我们应以新文科建设思想为指导，创新"经济学原理"课程教学模式，构建一种以激发学习主动性为核心的、教与学互相促进的新型教学模式。

三、外语院校"经济学原理"课程探究式教学模式的设计

"探究学习"一词,是美国芝加哥大学教授施瓦布最早提出的,即儿童自主地参与获取知识的过程,掌握研究自然所必需的探究能力,同时形成认识自然的基础——科学概念,进而培养探索未来世界的积极态度。施瓦布虽然强调了发挥主动性去探索,但是在其概念中并没有强调由谁来指导和规范探究的过程。我国学者徐学福(2002)对探究性学习和探究式学习做了详细的辨析:探究性学习强调的是科学探究的可行性;探究式学习强调的是方式和基本程序。探究式学习与其他概念不同的就是基本程序,教师可以按照探究式学习的基本程序进行教学,因此国内很多学者在进行研究时也会采用此概念。而探究式学习的教育学理论基础来自美国实用主义教育家杜威。他认为,传统教育在社会应用中是存在缺陷的,他提出的"三中心论"被广泛认可。在《民主主义与教育》中,杜威提出了教育过程的5个步骤:第一,给学生塑造真实的实践情境;第二,在实践情境中,设计一个或者几个问题,以此来激发学生的创造性思维;第三,在原有储备知识的情况下,进行仔细观察解决问题;第四,按部就班,一步一步地深入解决问题;第五,通过实践来检验之前预判的想法,从而明确想法的意义以及是否有效。

综上所述,就外语院校"经济学原理"课程教学而言,探究式学习不仅涉及教学理念和教学要求,更涉及课程内容。学生除了要掌握经济学基础知识和经济学思想,还要增进对探究式学习的基本认识和理解。要正确进行探究式学习,培养探究式学习能力,就必须掌握其相关理论。笔者认为,探究式学习是指学生根据一定情境脉络,提出探究目标和意图,在教师的帮助和支持下,自主寻求或自主建构答案,并进行反思和总结的过程。基于此概念,本文将就外语院校"经济学原理"课程探究式教学模式进行系统设计。

(一)探究式教学模式下课程教学内容的组织方式与目的

(1)在"经济学原理"课程的初始阶段应以培养兴趣为主,复习阶段要以落实知识和技能、提高成绩为主。因为外语院校的多数学生刚刚接触经济

学，面对陌生的学习内容，如果期初教师就强调知识点，那么学生不仅会失去学习的兴趣，而且会产生畏惧心理，会认为"经济学原理"很难学习。在这一阶段一定要保护学生学习的积极性，多安排一些探究式活动，让学生体验到学习经济学的趣味和快乐。在后期复习阶段要强化知识，形成完整的经济学知识体系。这样既可以保护学生的学习兴趣，又可以使科学素养得到提升。

（2）给学生提供一个独立思考的空间，充分培养学生的主动性、创新性，挖掘学生的潜能。同时重视"经济学原理"课程的讲解和案例分析，更加生动形象地授课。也可以结合学科前沿内容，介绍原理的出处和用法，从而将抽象的理论知识具体化、易懂化。这样学生在实践中能够更加有效地应用所学的知识，教学成果也能得以体现。

（二）探究式教学模式下课程的教学过程设计

"经济学原理"课程的探究式教学实施基本过程包括情境脉络的设计与呈现，探究目标、探究意图的生成，探究方案的策划与设计，探究方案的实施与开展，教师对学生探究的反馈与引导等。

1. 探究式教学模式下，情境脉络的设计与呈现

探究式教学模式下设计的情境要尽量贴近生活，只有这样才能让学生产生共鸣。学生只有在与自身利益相关的情况下才会更愿意去学习，因此设计探究式学习情境时，首先根据教学目标明确授课内容，其次引导学生主动联系经济行为，保证探究式教学模式设计出来的经济行为环境与现实社会环境的基本特征一致，具有一定的生活真实性。不能盲目地追求创设情境，而脱离教学内容和实际生活，缺少了科学求知的态度。例如，"经济学原理"课程中微观经济学的内容可以与生活中所遇到的问题相结合：学校食堂小面价格是如何决定的？吃烤翅的时候为什么第一口最香？为什么夏天啤酒的销量会上涨？宏观经济学的内容可以与国家经济热点问题相结合。

2. 探究式教学模式下，探究目标、探究意图的生成

在"经济学原理"课程开课期初，教师应根据学生的求知兴趣和认知需

要将提出的问题进行详细的统计和合理的划分,计划出一学期的探究内容。在探究式学习过程中,学生应具有自主权和"出题权",教师要把"出题权"还给学生。最优的方式是学生自主提出问题,当然,也可以由教师提出问题,让学生对教师提出的问题进行明确拆解、转换,进而变成自己理解的问题。教师需要摸透大纲,以教学内容为主题收集学生比较关注并且与学生今后要从事的工作密切相关的问题。学生也可以自主选择探究问题,将问题统一汇总后交给教师,教师进行整理。这样不仅可以调动学生的主观能动性,而且大大节省了教师在问题选择方面所需投入的时间和精力。

3. 探究式教学模式下,探究方案的策划与设计

现如今我国互联网发展十分迅速,"经济学原理"课程的教学也可基于互联网进行方案的策划与设计,尝试对学生进行互联网探究式授课。这就要求教师在知识传授的方式和方法上与时俱进。学生可以通过互联网,在网络上进行注册、选择探究课题和导师。在学生学习的过程中,网络会自动记录下学生所学过的知识内容,学生可根据进展,合理地制订自己的学习计划。教师可以变身为网络授课指导员,在线与学生进行对话,引导学生积极参与学习,并进行问题答疑、指导。

4. 探究式教学模式下,探究方案的实施与开展

探究式教学模式下,需要教师主动设计、营造自由的探究氛围,引导每位学生主动参与经济问题的研讨与协商。在教师营造的自由氛围中,每位主动发言的学生会感受到来自教师、周围同学的鼓励与认可,在提高自信的同时,也会引导、激发其他同学积极、主动地参与进来。例如,在讲成本理论时,为了让学生掌握显成本与隐成本,教师设置一定情境,模拟学生毕业后自己创业,设计经营过程的用工和花费,并说明此过程中显成本和隐成本的构成。学生在"如果我是老板"的角色"亲历"中会获得情感和心理层面的体验,这样的探究氛围会让学生感到放松和愉悦,因此会减少对学习经济学的畏惧心理。

5. 探究式教学模式下,教师对学生探究的反馈与引导

在探究式学习的过程中,教师根据学生的实践情况对学生进行指导。比

如，提供一些必要的信息和建议，在学生遇到疑惑时，给学生以提示和点拨。学生可以通过教师的指导，对问题及解决方式的印象更加深刻，从而可以有效地学习知识点，并加以应用。教师要在探究式教学中不断思考，要判断学生的状态，研究如何让学生全身心地投入课程学习中，或是让他们自主选择探究目标和问题，教师应根据学生的实际情况随时进行调整。

四、结语

新文科建设给中国经济学教育与研究提供了追赶并达到世界一流水平的契机，中国经济学研究要与时俱进构建原创性经济理论、进一步改进研究方法、提升研究质量，中国经济学教育需要加强培养学生的经济理论素养与经济思维、国际视野与家国情怀、道德情操（包括诚信）与人文情怀。本文从学生知识构建的角度出发，变革原有的学习方式，对"经济学原理"课程的知识内容进行探究式教学模式下的教学设计，可以在一定程度上促进教学理论和教学实践的发展，解决当前课堂上重理论、轻实践的问题。外语院校"经济学原理"课程探究式教学模式的应用和深入，不仅可以提高课堂的教学质量，而且能够对主动性更强、创新性更高的复合型人才的培养产生一定的推动作用。

参考文献

[1] 徐学福. 探究学习的内涵辨析 [J]. 教育科学, 2002 (3): 33 - 36.

[2] 卫思谕. 强化中国特色经济学新文科建设 [N]. 中国社会科学报, 2022 - 03 - 16 (A01).

[3] 张艳虹, 林悦. 新文科建设背景下跨学科人才培养的实施路径研究 [J]. 大学（研究与管理）, 2022 (3): 74 - 77.

[4] 王冰心. 新文科建设背景下专业课课程思政原则探讨与体系构建——以《国际经济学》课程为例 [J]. 豫章师范学院学报, 2022 (1): 41 - 45.

[5] 蔡凤梅. "新文科"理念下应用英语类一流课程改革与实践——以《汽车文化英语》课程为例 [J]. 吉林省教育学院学报, 2022 (2): 29 - 33.

［6］连大鹏，刘爱秋，张琳．新文科背景下普通高校计量经济学课程建设研究［J］．教书育人（高教论坛），2022（1）：68－70．

［7］韩姝．"新文科"建设下融合新闻学课程改革研究［J］．重庆第二师范学院学报，2021（6）：109－112．

［8］廖梓岑．基于体验式教学模式的经济学沙盘实验课程学生评价方法研究——以广州新华学院为例［J］．教育观察，2021（44）：63－65，69．

［9］吴亮．新文科背景下涉农高校"现代汉语"实践教学体系的构建［J］．黑龙江教育（理论与实践），2021（10）：6－9．

［10］郑少华，肖春明．翻转讨论式教学在专业课程中的应用——以"税收经济学"为例［J］．山西财经大学学报，2021（S02）：139－141．

［11］昝鑫．研讨式教学在国际经济学课程中的教改实践［J］．营销界，2021（34）：90－91．

S 外国语大学国贸专业和辅修国贸外语类专业本科生 WTO 英语水平比较研究[*]

陶红军

摘　要：WTO 英语与国际多边贸易体系相关。在经济全球化背景下，外语类大学应发挥自身优势有效提高本科生 WTO 英语水平。问卷调查发现，S 外国语大学辅修国贸外语类专业本科生的 WTO 英语水平要略低于本校国贸专业本科生的水平，且内部存在显著差异。回归结果显示，让国贸专业和辅修国贸外语类专业本科生了解 WTO 英语和商务英语的区别、明白 WTO 英语学习对自身发展的重要性，并在本专业人才培养方案中增加与 WTO 英语相关的课程，能提高国贸专业和辅修国贸外语类专业本科生的 WTO 英语水平。辅修国贸外语类专业本科生的教学单位重视 WTO 英语教学并增设与 WTO 英语相关的课程亦能提高辅修国贸外语类专业本科生的 WTO 英语水平。

关键词：WTO 英语　国贸专业　辅修国贸外语类专业

一、引言

自 2001 年 12 月 11 日以来，我国加入世界贸易组织（WTO）已经超过 20 年，我国已经成为全球最大的货物贸易国，第二大服务贸易国。我国对外货物贸易额从 2001 年的约 5097 亿美元增加至 2021 年的超 6 万亿美元，增长了约 10 倍。服务贸易额从 2001 年的约 674 亿美元增加至 2021 年的约 8281 亿美

---

　　* 本文系四川外国语大学教学改革研究项目"在'国际贸易'教学中宣贯习近平对外开放思想研究"（编号：JY2296245）的阶段性研究成果。

元，增长了约 11 倍。除了制度优势、外贸政策、比较优势、人口红利等因素，拥有既懂英语又熟悉国际贸易的高质量外经贸人才也是我国对外贸易迅猛发展的重要原因之一。

现有文献对全球化背景下外语类大学英语人才培养的研究主要集中在以下 4 个方面。

（1）外语类大学国际经贸人才培养思路。外语类大学应帮助学生摆正英语和商科课程学习之间的关系（朱文忠，2005）。采用商务英语和英语商务教学模式培养复合型国际商务人才（黄伟新，2005）以及具有国际经贸合作实践能力的人才（关维娜等，2015），应根据国际市场人才需求研究商务英语人才培养模式（张蔚磊，2021）。对于英语专业学生而言，经贸类课程需求量最大（付红霞和郝玫，2008）。

（2）加入 WTO 后高校英语教学改革。在 WTO 背景下，高校英语教学需要以商务为中心（王艳艳，2007），首要任务是培养大量的高、精、尖英语人才（关孜慧，2003）。加入 WTO 后的英语教学应提高"语言输入"的真实性，重视学生的"语言输出"，并培养其国际视野（傅政等，2001）。英语教学不能仅教授美英等少数几个英语国家的文化和文明观（黄忠，2002），而是要和艺术教育相互渗透（巴竹师，2002）。英语专业课程设置要以学生为中心（纪墨芳，2002），商务英语教学应以互动式全英语教学为主（沈克华等，2017），并打造"双师型"教师队伍（王艳艳等，2014）。

（3）WTO 英语的特点。WTO 英语是英语中的 1 个特殊语域，具有规范性、简洁性、客观性、严谨性和逻辑性等特点（丁详珍，2002）。WTO 英语类法律文件的文体属于庄严文体，庄严冷峻且不带感情色彩（邱贵溪，2006）。

（4）经贸英语专业的发展历程。经贸英语主要指进出口贸易实务所涉及的各种英语文书（况新华和曾剑平，2001）。经贸英语专业的产生与我国改革开放的进程一致（严俊等，2014）。商务英语是以英语为媒介、以商务知识和技能为核心的一种专门用途英语（阮绩智，2005），发展势头超过了科技英语（冯健东，1998）。商务英语经历了从"外贸英语函电"一门课到初具规模的一个专业的发展过程（林添湖，2001），于 2012 年被正式列入教育部基本专业目录（王立非和崔璨，2020；王立非等，2015）。

文献综述表明，经贸英语或商务英语主要与微观企业的国际贸易实务活动有关，为寻找国际客户、开展商务谈判和缮制贸易合同等具体国际贸易实务环节服务。WTO 英语与经贸英语或商务英语有着明显的差异，WTO 英语与国际多边贸易体系相关，涉及货物贸易、服务贸易以及与贸易有关的知识产权等方面的内容。WTO 英语的载体不仅包括种类繁多的贸易协定或协议文件，还包括各种专题报告、工作论文和贸易数据。掌握 WTO 英语的前提是，学习者要具有较为深厚的国际贸易理论和政策基础知识，熟悉各类贸易术语，并对国际多边贸易体系的构成了然于心。WTO 英语学习者还要对 WTO 的组织机构、主要功能、运行机制、在全球经济治理中的地位等有所了解。WTO 英语的学习者以国际贸易理论和政策为根本，以英语为手段，经过长时间积累之后才能提升自身 WTO 英语水平。基于此，本文以 S 外国语大学为例，采用问卷调查的方式对该校国贸专业和辅修国贸外语类专业本科生的 WTO 英语水平进行评价和比较，构建 WTO 英语水平函数，估计影响 S 外国语大学国贸专业和辅修国贸外语类专业本科生的 WTO 英语水平的决定因素，以回答外语类大学应如何提高 WTO 英语教学水平的问题。

二、问卷设计和调查过程

S 外国语大学非常重视外语和经济、管理、国别及人文等专业的交叉教学，努力为提升重庆内陆开放高地建设水平、促进重庆产业国际化和多元化发展提供人才支持。该校开设了国贸辅修专业，学生主要来自本校各外语类专业。根据 WTO 的组织性质、职能功能和运行机制，设计了国贸专业和辅修国贸外语类专业本科生的 WTO 英语水平调查问卷。该调查问卷包括以下两个部分。

（1）WTO 相关知识的英译汉题。此类必答题涵盖 WTO 组织机构、运行原则、法律文件、机构职能、货物贸易、服务贸易、与贸易有关的知识产权、发展中国家差别待遇和贸易统计 9 大领域，共 50 个 WTO 英语专业词汇。除了货物贸易领域有 10 个英译汉题，其余 8 个领域各有 5 个 WTO 英语专业词汇翻译题。

9 大领域 50 个 WTO 英语词汇包括：①组织机构，General Agreement on

Tariff and Trade, Ministerial Conference, General Council, Director-General, Doha Development Agenda；②运行原则, Most Favored Nations, National Treatment, Transparency, Special and Differential Treatment Provisions, Fair Competition；③法律文件, Multilateral Agreement on Trade in Goods, Members' Schedules of Commitments, General Agreement on Trade in Services, Agreement on Trade Related Aspects of Intellectual Property Rights, Plurilateral Trade Agreements；④机构职能, Trade Policy Review Body, Dispute Settlement Body, Trade Negotiations, Aid for Trade, Accessions；⑤货物贸易, Market Access for Goods, Dumping, Non-tariff Measures, Safeguard Measures, Subsidies and Countervailing Measures, Sanitary and Phytosanitary Regulations, Quantitative Restrictions, Technical Barriers to Trade, Trade Facilitation, Customs Valuation；⑥服务贸易, Cross-border Supply, Consumption abroad, Commercial Presence, Presence of Natural Persons, Construction and Related Engineering Services；⑦与贸易有关的知识产权, Copyright, Industrial Property, Trade Marks, Geographical Indications, Undisclosed Information；⑧发展中国家差别待遇, Rules of Origin, Generalized System of Preferences, Local-content, Technology Transfer, Sustainable Development Goals；⑨贸易统计, Harmonized System, Tariff Escalation, Bound Tariff, Regional Trade Agreement, Preferential Trade Arrangements。

（2）WTO 英语学习效果与环境题。此类必答题共有 5 个自我评分小题，分别与 WTO 英语水平自我评价和影响 WTO 英语学习的因素有关。接受调查的国贸专业和辅修国贸外语类专业本科生需要根据自身情况在［1，10］分的区间内打分，评分数据用于 S 外国语大学国贸专业和辅修国贸外语类专业本科生 WTO 英语水平函数的估计。除了 5 个自我评分题，辅修国贸外语类专业本科生还要多回答 3 个与辅修国贸专业 WTO 英语教学相关的问题。

为了真实反映 S 外国语大学国贸专业和辅修国贸外语类专业本科生的 WTO 英语学习能力的真实情况，调查者要求接受问卷调查的学生在不参考任何资料的情况下完成问卷。收回调查问卷后由熟悉 WTO 业务的国贸专业教师对每份问卷 9 大领域 50 个英译汉题目进行评分。在进行问卷调查期间，S 外国语大学辅修国贸专业的有 2020 级和 2021 级 2 个班, 学生主要来自本校各外语类专业, 且以 2019 级学生为主。为了做到年级上的匹配, 调查问卷也仅向 2019 级 3 个国贸专业的学生发放。最终, 调查者从辅修国贸外语类专业的学生处收回调查问卷 31 份, 其中有效问卷 29 份; 从国贸专业的学生处收回调查问卷 121 份, 其中有效问卷 116 份。

三、国贸专业和辅修国贸外语类专业本科生 WTO 英语水平比较

1. 辅修国贸外语类专业本科生 WTO 英语水平不高

表 1 数据显示, 辅修国贸外语类专业本科生 WTO 英语的翻译得分均值大都不超过 6 分, 即没有达到一般意义的及格水平。得分最低的为 "贸易统计" 类词汇。几乎没有一个学生能正确翻译 "Harmonized System", 尽管这是非常重要的对贸易商品进行编码的海关协调编码制度。由于 "Tariff Escalation" 涉及加工贸易中的有效保护率问题, 也很少有人能将其正确翻译为 "关税升级"。

表 1　　辅修国贸外语类专业本科生 WTO 英语翻译得分均值和标准差

序号	WTO 英语词汇类别	2020 级辅修国贸班均值	2020 级辅修国贸班标准差	2021 级辅修国贸班均值	2021 级辅修国贸班标准差	2 个辅修国贸班均值	2 个辅修国贸班标准差
1	组织机构	5.35	4.45	5.54	4.38	5.31	4.50
2	运行原则	6.99	4.34	5.77	4.56	6.31	4.44
3	法律文件	3.38	3.44	4.18	4.06	3.78	3.84
4	机构职能	4.64	3.10	4.51	4.04	4.60	3.63
5	货物贸易	4.61	4.01	3.89	4.38	4.28	4.23
6	服务贸易	6.09	4.08	5.52	4.23	5.81	4.29
7	与贸易有关的知识产权	4.74	4.40	6.12	4.17	5.46	4.33
8	发展中国家差别待遇	4.41	4.08	4.45	4.22	4.43	4.24
9	贸易统计	2.80	3.56	3.66	3.96	3.24	3.79

辅修国贸外语类专业学生在 "法律文件" 类词汇上的得分也比较低。其中, "Members' Schedules of Commitments" 的原意是 WTO 成员减让承诺表, 因

为很多同学不熟悉成员加入 WTO 的条件和过程，所以很难解释其意。有些学生将其错误翻译成了"成员会议议程"。同样，由于很多学生不知道 WTO 的 3 大业务支柱，即货物贸易、服务贸易和与贸易有关的知识产权，很容易将 "Agreement on Trade Related Aspects of Intellectual Property Rights"（与贸易有关的知识产权协定）翻译错误。另外，虽然 WTO 是多边贸易体系的管理机构，但是这个国际组织仍然有一些诸边协议。所谓诸边协议意指 WTO 成员可自愿加入，其所确立的权利与义务并不适用于 WTO 所有成员。因为辅修国贸外语类专业的学生对单边（unilateral）、双边（bilateral）、诸边（plurilateral）和多边（multilateral）的概念模糊，所以很少有学生能正确地将 "Plurilateral Trade Agreements" 翻译为"诸边贸易协议"。

2. 辅修国贸外语类专业本科生 WTO 英语水平内部差异较大

辅修国贸外语类专业本科生对 50 个 WTO 术语的翻译得分的标准差较大，显示出较强的离散性，说明接受问卷调查的辅修国贸外语类专业本科生内部对 WTO 的认知及其 WTO 英语水平存在较大的差异。

根据表 1 中 2020 级和 2021 级辅修国贸外语类专业本科生的各类 WTO 英语术语翻译得分的均值和标准差计算变异系数，作图 1。

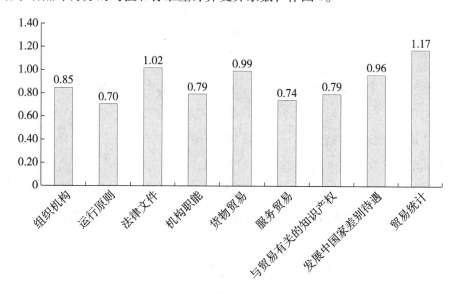

图 1　辅修国贸外语类专业本科生 WTO 英语术语翻译得分变异系数

辅修国贸外语类专业本科生在翻译"法律文件"和"贸易统计"类 WTO 英语术语时得分的标准差大于均值，导致变异系数大于 1。对比发现，在 9 类 WTO 英语术语中，辅修国贸外语类专业本科生得分均值越低，其内部变异系数就越大。图 1 说明，当某类 WTO 英语术语较为普及和简单时，辅修国贸外语类专业本科生就能相对容易且准确地翻译。反之，当某类 WTO 英语术语比较冷僻时，WTO 英语水平高和 WTO 英语水平低的辅修国贸外语类专业本科生在翻译时就出现分水岭，也就是所谓"会者不难，难者不会"。

3. 国贸知识决定辅修国贸外语类专业本科生 WTO 英语翻译能力

将接受问卷调查的 2020 级和 2021 级辅修国贸外语类专业本科生得分排名前 10 位和后 10 位的 WTO 术语及其得分进行整理（见表 2）后发现，WTO 英语术语的翻译具有很强的专业性。对于没有国际贸易理论与政策和多边贸易体系基础知识的外语类专业学生来说，很可能出现每个单词都认识，但连起来就完全不知其意的窘境。比如，辅修国贸外语类专业本科生最难翻译的 "Accessions" 在 WTO 英语语境中只能被翻译成"成员加入"；"Sanitary and Phytosanitary Regulations" 意指"卫生与植物卫生措施"。"Sanitary" 和 "Phytosanitary" 两个词都比较生僻，不熟悉 WTO 非关税壁垒知识的学生很难知其意。为了逐步削减成员关税壁垒水平，WTO 规定成员需要根据各自加入 WTO 的议定书确定各种商品进口的约束性关税税率，实际关税税率不能高于约束性关税税率。如果不了解这层含义，很少有辅修国贸外语类专业本科生能将 "Bound Tariff" 准确翻译为"约束性关税税率"。"Safeguard Measures" 的含义是"特殊保障措施"，是 WTO 成员针对 1 个成员而不是所有成员的进口产品单独采取保障措施。如果仅从字面来理解，很多辅修国贸的学生会将 "Safeguard Measures" 翻译为"保障措施"。至于 "Subsidies and Countervailing Measures" "Generalized System of Preferences" 和 "Rules of Origin" 3 个词分别为"补贴与反补贴措施""普惠制"和"原产地规则"，各自具有特殊的含义，不熟悉国际经贸规则时很难完全了解其含义。

表2　　　　　　　　**辅修国贸外语类专业本科生 WTO 英语翻译得分**
排名前 10 位和后 10 位的术语

序号	得分排名前 10 位的 WTO 英语术语	均值（分）	得分排名后 10 位的 WTO 英语术语	均值（分）
1	Fair Competition	9.14	Accessions	0.96
2	General Agreement on Tariff and Trade	8.04	Plurilateral Trade Agreements	1.14
3	Aid for Trade	7.25	Harmonized System	1.36
4	Sustainable Development Goals	7.21	Sanitary and Phytosanitary Regulations	1.64
5	Copyright	6.89	Bound Tariff	1.75
6	Cross-border Supply	6.79	Subsidies and Countervailing Measures	2.25
7	Dumping	6.79	Members' Schedules of Commitments	2.46
8	Consumption abroad	6.64	Generalized System of Preferences	2.54
9	Technical Barriers to Trade	6.61	Safeguard Measures	2.75
10	Technology Transfer	6.50	Rules of Origin	2.93

　　除了最难翻译的 10 个 WTO 英语专业术语，辅修国贸外语类专业本科生在翻译其他 WTO 英语术语时也面临着不小的困难。比如，有些学生由于不熟悉贸易政策类型，把原本是"非关税措施"的"Non-tariff Measures"理解为"无关税措施"。表 2 的对比结果再次说明，辅修国贸外语类专业本科生要想提高自身 WTO 英语的翻译能力，就要有较为扎实的国际贸易理论和政策基础知识，尤其要对 WTO 这一国际组织的性质、功能、原则和目标等内容有全方位的理解。

4. 辅修国贸外语类专业本科生 WTO 英语翻译能力略低于国贸专业本科生

　　对从 S 外国语大学国贸专业本科生处收回的调查问卷进行评分，计算其各类 WTO 英语术语翻译的平均得分，并将辅修国贸外语类专业本科生（3 年级为主）和国贸专业本科生（3 年级）WTO 英语水平进行比较，结果见图 2。

　　图 2 显示，辅修国贸外语类专业本科生的 WTO 英语术语翻译得分略低于

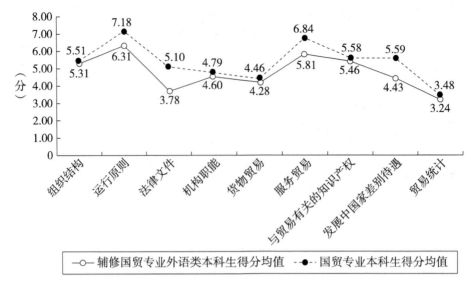

图2　辅修国贸外语类专业本科生和国贸专业本科生
WTO 英语术语翻译得分比较

国贸专业本科生的得分，呈现出基本相同的变化特征。辅修国贸外语类专业本科生和国贸专业本科生得分均值之间的相关系数为 0.83，说明辅修国贸之后外语类专业学生所掌握的国际贸易理论与政策等基础知识日益丰富，WTO 英语翻译能力与国贸专业学生的 WTO 英语翻译能力接近。如果从提高外语类本科生国际经贸类英语翻译能力的角度来讲，辅修国贸专业是一个较好的选择。

在 9 类 WTO 英语术语中，辅修国贸外语类专业本科生得分与国贸专业本科生得分差距较大的是"法律文件""发展中国家差别待遇"和"服务贸易"类。在"法律文件"类中，辅修国贸外语类专业本科生对"Members' Schedules of Commitments""GATS""TRIPS"和"Plurilateral Trade Agreements"4 个 WTO 英语术语的翻译得分比国贸专业本科生翻译得分分别低 37.20%、41.33%、20.70% 和 36.42%。在与发展中国家相关的 WTO 英语术语中，辅修国贸外语类专业本科生对"Rules of Origin"和"Generalized System of Preferences"2 个术语的翻译得分仅为国贸专业本科生的 48.05% 和 59.04%。前者是原产地规则，是发达国家给予发展中国家优惠关税待遇时，需要查验享受优惠关税待遇产品是否真的产自该发展中国家。后者则具有固定的称谓，即普惠制，是发达国家给予发展中国家产品的非对称优惠待遇。如果不了解这两个术语的经济含义，光从字面上来理解是较难正确翻译的。在"服务贸易"类中，辅修国贸外语类专业本科生在翻译"Presence of Natural Persons"时存在较大困难，得分较低，原因是这个词是服务贸易的一个特有类型，即"自然人流动"。国贸专业学生在学习过服务贸易课程之后就能知道其确切含义。由于辅修国贸专业外语类本科生所学的国贸专业课程数量有限，尚不能明确区分货物贸易和服务贸易之间的差异，因而得分较低。

四、国贸专业和辅修国贸外语类专业本科生 WTO 英语水平函数的估计

1. 模型设置和数据来源

在进行问卷调查时要求接受问卷调查的国贸专业和辅修国贸外语类专业本科生对自身 WTO 英语水平在［1，10］分范围内进行评价。因此，每个接受问卷调查的国贸专业和辅修国贸外语类专业学生就有 2 个反映其 WTO 英语水平的得分值，一个是其对自身 WTO 英语水平的评价值（y_1），另一个是国贸专业教师对其 9 类 50 个 WTO 英语术语翻译的评分值总和（y_2）。接受问卷调查的国贸专业和辅修国贸外语类专业本科生对决定其 WTO 英语水平的影响因素打分，取分区间也是［1，10］。这些影响因素包括：WTO 英语和商务英语差异性（x_1）、WTO 英语学习对自我发展的重要性（x_2）、本专业 WTO 英语学习相关课程的设置（x_3）、本专业对 WTO 英语教学的重视程度（x_4）。建立 S 外国语大学国贸专业和辅修国贸外语类专业本科生 WTO 英语水平线性函数：

$$\ln y_1 = c + \alpha_1 \ln x_1 + \alpha_2 \ln x_2 + \alpha_3 \ln x_3 + \alpha_4 \ln x_4 + \varepsilon \qquad (式1)$$

其中，y_1 是被解释变量，是国贸专业和辅修国贸外语类专业本科生对自身 WTO 英语水平的评价值；x_1、x_2、x_3 和 x_4 是 4 个解释变量，其方差变动共同解释被解释变量的方差变动；ε 是误差项，包含了一些未引入解释变量对被解释变量的影响；c 是常数项。将所有解释变量和被解释变量都取对数，目的是

使 4 个解释变量的估计参数（α_1、α_2、α_3、α_4）成为被解释变量对解释变量的弹性，即解释变量变化 1 个百分点将会引起被解释变量多少个百分点的变化。

面向辅修国贸外语类专业同学的调查问卷还增设了以下影响因素：辅修国贸专业对于自身 WTO 英语学习的帮助（x_5）、辅修国贸专业 WTO 英语学习相关课程的设置（x_6）和辅修国贸专业教学单位对 WTO 英语教学的重视程度（x_7）。因此，辅修国贸外语类专业本科生 WTO 英语水平线性函数为：

$$\ln y_1 = c + \alpha_1 \ln x_1 + \alpha_2 \ln x_2 + \alpha_3 \ln x_3 + \alpha_4 \ln x_4 + \alpha_5 \ln x_5 + \alpha_6 \ln x_6 + \alpha_7 \ln x_7 + \varepsilon$$

（式 2）

2. 回归估计结果

S 外国语大学国贸专业和辅修国贸外语类专业本科生 WTO 英语水平函数估计结果见表 3。表 3 第 2 列报告了国贸专业本科生 WTO 英语水平参数估计结果。在估计参数下方括号里的数据是各个估计参数对应的 t 统计量。对于国贸专业本科生来说，WTO 英语和商务英语差异性（x_1）越大，自身在 WTO 英语学习方面就越有优势，原因是学习 WTO 英语需要熟悉国际多边贸易体制的建立、运行和发展等知识。如果没有扎实的国际贸易理论与政策的基础知识，大学生是很难具有较高的 WTO 英语水平的。当国贸专业本科生能认识到 WTO 英语学习对自己将来的职业发展具有重要作用（x_2）、本专业也能开设更多与 WTO 英语学习相关的课程（x_3）时，国贸专业本科生的 WTO 英语水平就能显著提高。

表 3　　　　S 外国语大学国贸专业和辅修国贸外语类专业本科生
WTO 英语水平函数估计结果

解释变量	国贸专业估计参数	辅修国贸外语类专业（不包括辅修因素）估计参数	辅修国贸外语类专业（包括辅修因素）估计参数	国贸专业和辅修国贸外语类专业加总估计参数
$\ln x_1$	0.3849 （3.58***）	−0.3402 （−1.26）	−0.6781 （−1.98*）	0.2786 （2.81***）

续　表

解释变量	国贸专业估计参数	辅修国贸外语类专业（不包括辅修因素）估计参数	辅修国贸外语类专业（包括辅修因素）估计参数	国贸专业和辅修国贸外语类专业加总估计参数
$\ln x_2$	0.2965 (2.34**)	0.4880 (2.17**)	0.8288 (3.19***)	0.2501 (2.38***)
$\ln x_3$	0.3600 (2.83***)	−0.1352 (−0.30)	0.0850 (0.21)	0.3797 (3.04***)
$\ln x_4$	−0.1843 (−1.22)	0.6354 (1.36)	0.2897 (0.67)	−0.0886 (−0.68)
$\ln x_5$			−0.2050 (−1.01)	
$\ln x_6$			1.3485 (3.55***)	
$\ln x_7$			−1.1364 (−2.48***)	
C	−0.1440 (−0.40)	0.2222 (0.65)	0.4246 (1.01)	−0.0871 (−0.38)
观测值	87	29	29	116
F 统计量	8.24	4.97	5.99	10.97
显著性	0	0.0046	0.0006	0
调整 R^2	0.2520	0.3619	0.5549	0.2575

注：*、**、***分别表示10%、5%和1%的显著性水平。

不包括和包括辅修因素（x_5、x_6 和 x_7）时辅修国贸外语类专业本科生的 WTO 英语水平函数的估计结果列于表 3 的第 3 列和第 4 列。在不考虑辅修因素时，即将外语类和国贸专业本科生同等看待时，决定外语类本科生 WTO 英语水平的唯一显著性因素就是 WTO 英语学习对自我发展的重要性（x_2）。当外语类专业本科生认为 WTO 英语学习对自我发展的重要性提高 1 个百分点时，其 WTO 英语水平将提高 0.49%。在考虑辅修因素时，即外语类本科生将自己和国贸专业本科生区别看待时，WTO 英语学习的重要性（x_2）仍然显著正向作用于外语类专业本科生的 WTO 英语水平。与国贸专业学生相反，WTO 英语和商务英语差异性（x_1）显著地不利于辅修国贸外语类专业本科生 WTO 英语学习水平的提高。虽然外语类专业本科生辅修了国贸专业，但是其学习缺乏系统性，学习时间也难以保证，自身的国际贸易理论与政策的知识水平与国贸专业本科生还有一定的差距。辅修国贸专业 WTO 英语学习相关课程的设置（x_6）能有效提高外语类专业本科生 WTO 英语水平，说明辅修国贸专业现有课程客观上能提高外语类专业本科生的 WTO 英语水平。辅修国贸专业教学单位对 WTO 英语教学的重视程度（x_7）显著降低外语类本科生 WTO 英语水平，说明开设国贸辅修专业的学院对于 WTO 英语教学的重视程度还不够高，或者尚未顾及提高辅修国贸专业外语类本科生的 WTO 英语水平的问题。

将国贸专业本科生和辅修国贸外语类专业本科生的问卷调查样本加总后进行回归，估计结果列于表 3 的第 5 列。与表 3 第 2 列的回归结果类似，WTO 英语和商务英语差异性（x_1）、WTO 英语学习对自我发展的重要性（x_2）和本专业 WTO 英语学习相关课程的设置（x_3）3 个解释变量都能显著提高 S 外国语大学国贸专业和辅修国贸外语类专业本科生的 WTO 英语水平。为了培养满足全球化需求的合格人才，外语类高校应推动外语专业和国贸专业之间的交叉融合，有力开展新文科专业建设，在外语专业人才培养计划中设置一定比重的国际贸易类课程将有助于外语类专业本科生 WTO 英语水平的提高。

3. 稳健性检验

表 3 中 S 外国语大学国贸专业和辅修国贸外语类专业本科生的 WTO 英语水平函数中的被解释变量是接受问卷调查的本科生的自我评价值（y_1），可能与实际情况有一定的出入。用国贸专业教师对接受问卷调查的国贸专业和辅修国贸外语类专业本科生 9 类 50 个 WTO 英语术语翻译题的评分值总和（y_2）代替学生自我评分值作为被解释变量，估计结果见表 4。

表4　**S外国语大学国贸专业和辅修国贸外语类专业本科生**
WTO 英语学习水平稳健性检验结果

解释变量	国贸专业估计参数	辅修国贸外语类专业（不包括辅修因素）估计参数	辅修国贸外语类专业（包括辅修因素）估计参数	国贸专业和辅修国贸外语类专业加总估计参数
$\ln x_1$	0.3181 (2.64**)	0.4096 (1.08)	0.7963 (1.38)	0.2381 (1.98*)
$\ln x_2$	0.4724 (3.33***)	0.2963 (0.94)	−0.0653 (−0.15)	0.4753 (3.73***)
$\ln x_3$	0.3255 (2.28**)	−0.2707 (−0.43)	−0.6527 (−0.96)	0.1566 (1.04)
$\ln x_4$	0.3024 (1.78*)	0.1628 (0.25)	0.3241 (0.44)	0.0494 (0.31)
$\ln x_5$			0.4803 (1.40)	
$\ln x_6$			−0.1815 (−0.28)	
$\ln x_7$			0.3026 (0.39)	
C	2.9668 (7.38***)	4.1780 (8.73***)	3.5252 (4.90***)	3.8301 (13.78***)
观测值	87	29	29	116
F 统计量	10.98	1.82	1.39	9.13
显著性	0	0.1580	0.2616	0
调整 R^2	0.3170	0.1048	0.0885	0.2205

注：*、**、***分别表示10%、5%和1%的显著性水平。

对比表3的估计结果，表4第2栏中的国贸专业 WTO 英语学习水平函数中的本专业对 WTO 英语教学的重视程度（x_4）估计参数由不显著变为显著，即国际贸易专业教学单位对 WTO 英语教学的重视程度提高1个百分点能显著提高国贸专业本科生的 WTO 英语水平 0.30 个百分点。无论是考虑到还是没有考虑到辅修国贸专业因素，表 4 中第 3 列和第 4 列估计结果的 F 统计量小，函数估计本身没有通过显著性检验。可能的原因是国贸专业教师的评价标准和接受调查者的评价标准之间存在差异。

将表 4 第 5 列的估计结果和表 3 第 5 列的估计结果进行对比后发现，被解释变量被替代之后，本专业 WTO 英语学习相关课程的设置（x_3）估计参数方向没有变化，但是因没有通过 t 检验而变得不显著了。整体而言，表 4 中的稳健性估计结果没有好于表 3 的估计结果，因而表 3 的估计结果是可信的。

五、结论

作为国际多边贸易体系的建立者和维护者，WTO 具有管理贸易协定、提供贸易谈判场所、解决贸易争端、监督成员贸易政策、向发展中国家提供技术援助、协调国际经济组织政策等功能。在全球化背景下，WTO 坚持的非歧视、贸易自由化、可预见、公平竞争、鼓励发展、保护环境、更加包容以及促进数字贸易发展等原则得到了大多数成员的拥护。无论是从国际贸易实务角度还是从国际多边贸易体系治理角度出发，外语类高校都应强化本科生的 WTO 英语教学工作，以适应我国从被动参与国际分工体系到主动引领全球经济合作的形势变化。

外语类高校应该在外语类专业本科人才培养过程中重视国际贸易类课程的教学，提高外语类专业本科生对 WTO 英语重要性的认知，并将其培养成具有较高 WTO 英语应用能力的人才。同时，外语类高校应高度重视国际贸易专业建设工作。通过知识溢出效应，外语类高校高水平国际贸易专业的发展将能有效提高本校外语类专业本科生的 WTO 英语水平。在辅修国贸专业建设过程中，外语类高校国贸专业教学单位也应该高度重视 WTO 英语教学工作，多设置与 WTO 英语相关的课程，有效提高辅修国贸外语类专业本科生的 WTO 英语水平。

参考文献

［1］朱文忠．对商务英语专业全英教学模式的调查与分析［J］．国际经贸探

索，2005（F06）：50 – 53.

［2］黄伟新．从商务英语到英语商务——培养英语复合型人才的一种模式［J］．国际经贸探索，2005（F06）：9 – 12.

［3］关维娜，杨传鸣，尹铁超．面向国际性专门人才培养的大学英语课程探索［J］．黑龙江高教研究，2015（5）：159 – 161.

［4］张蔚磊．我国商务英语的研究热点及发展趋势——基于 10 年来 CNKI 论文的知识图谱分析［J］．上海交通大学学报（哲学社会科学版），2021（3）：145 – 156.

［5］付红霞，郝玫．理工院校英语专业课程设置的调查［J］．外语界，2008（6）：25 – 33.

［6］王艳艳．商务英语项目中的文化教学［J］．国际商务研究，2007（3）：61 – 64.

［7］关孜慧．WTO 与高校英语专业教学改革设想［J］．黑龙江高教研究，2003（1）：152 – 153.

［8］傅政，庞继贤，周星．中国入世对大学英语教学的影响分析及需求预测［J］．外语界，2001（5）：16 – 21.

［9］黄忠．加入 WTO 与大学英语教学改革［J］．科技进步与对策，2002（4）：172 – 173.

［10］巴竹师．WTO 形势下的大学英语教育——通过艺术教育的大学英语教育［J］．黑龙江高教研究，2002（4）：131 – 133.

［11］纪墨芳．WTO 背景下英语课程设置的思考［J］．教育理论与实践，2002（6）：63 – 64.

［12］沈克华，雷平，舒红．互动式全英语教学在国际贸易实务类课程中的效果研究［J］．上海对外经贸大学学报，2017（2）：81 – 88.

［13］王艳艳，王光林，郑丽娜．商务英语专业人才需求和培养模式调查与启示［J］．外语界，2014（2）：34 – 41.

［14］丁详珍．WTO 英语术语的结构分析［J］．财贸研究，2002（6）：119 – 120.

［15］邱贵溪．WTO 法律文件英语语言特点与翻译［J］．中国翻译，2006

（5）：72 - 75.

［16］况新华，曾剑平 . 经贸英语翻译中必须注意的几个问题［J］. 江西社会
　　　科学，2001（3）：88 - 90.

［17］阮绩智 . 大学商务英语课程目标及教学原则［J］. 外语界，2005（3）：
　　　26 - 31.

［18］林添湖 . 试论商务英语学科的发展［J］. 厦门大学学报（哲学社会科学
　　　版），2001（4）：143 - 150.

［19］王立非，崔璨 . 落实《商务英语专业本科教学指南》，推进商务英语人
　　　才培养［J］. 外语界，2020（3）：5 - 11.

［20］王立非，叶兴国，严明，等 . 商务英语专业本科教学质量国家标准要点
　　　解读［J］. 外语教学与研究，2015（2）：297 - 302.

基于翻转课堂的"计量经济学"教学改革[*]

于 洁

摘 要：作为现代经济学研究中的核心方法论，"计量经济学"是经济学等社科类专业本科生必修的重要课程。本文首先分析了"计量经济学"教学中存在的问题，然后基于翻转课堂的理念，提出"计量经济学"教学改革的对策，培养学生的自主学习能力和实践操作能力，进而提升教学效果。

关键词：翻转课堂 计量经济学 教学改革

一、引言

计量经济学是一门通过数据解读经济现象并运用计量模型和方法分析经济变量间关系的学科，在估计经济关系、检验经济理论、评估公共政策、预测经济行为等方面发挥了重要作用。作为现代经济学研究中的核心方法论，"计量经济学"是经济学等社科类专业本科生必修的重要课程。该课程主要介绍计量经济理论和实证分析方法，要求学生掌握计量经济学的基本方法，学会处理数据、构建计量模型的实际技能，并具备运用所学知识分析实际经济问题的能力。

在数智化时代，高校越来越重视"计量经济学"这门课程的教与学，无论是教师还是学生，在学术论文的写作过程中都会更多地应用计量经济学的知识和技术来分析实际经济问题。但是该课程还存在教学模式落后、教学内容安排不合理等问题，深入研究"计量经济学"教学中存在的问题，并结合

* 本文系四川外国语大学教学改革研究项目"'新文科'背景下金融科技人才培养创新研究"（编号：JY2380226）的阶段性研究成果。

课程建设的最新理念，提出有针对性的完善"计量经济学"教学过程的对策，对于提升教师的教学水平，提高学生的实际应用能力，建设具有学科特色的课程是非常重要的。

二、"计量经济学"课堂教学中存在的问题

（一）传统讲授式教学模式

由于"计量经济学"涉及的知识点比较多，但课时数有限，现有的课堂教学以教师讲、学生听为主。这种"满堂灌"的教学方式可以发挥教师的主导作用，也能提高课堂教学的效率，但学生只是被动接收教师"灌输"的知识，容易产生思维定式，不能锻炼学生主动思考、分析和解决现实问题的能力。

在传统讲授式教学模式下，还容易出现教师讲得很卖力，但学生并不买账的现象，因为学生参与的课堂活动太少了，投入的精力和时间都不够，听课过程中也容易放松对学习的自我要求，做与学习无关的事情，学习效果并不好。

（二）学科知识与现实应用脱轨

目前大部分高校使用的《计量经济学》教材仍然是古扎拉蒂和波特的《经济计量学精要（第 4 版）》。这本教材的优点在于经典，是较好的入门教材之一，但其中的案例都来自美国，数据较为陈旧，与我国国情不符，不利于学生理解计量经济学在中国本土的应用情况。作为一门理论和实践相结合的课程，"计量经济学"不仅应该介绍基本的理论和技术，还应立足于中国的社会现实，培养学生的实践操作能力，将计量经济学的理论知识用于分析实际经济问题中。

从教学内容上看，"计量经济学"课程更强调模型的估计和检验以及对回归结果的解读，却忽视了应用计量经济学知识解决实际问题的重要步骤——如何构建恰当的计量经济学模型。教学中不重视构建模型的后果是，学生在学习了"计量经济学"课程之后，仍然不知道如何分析和解决一个具体的经济问题，不能把所学知识举一反三、融会贯通。

（三）学生的基础较差

虽然"计量经济学"要求学生具备数学、经济学和统计学等学科的基础知识，但学生对这些学科的知识点掌握不牢，而"计量经济学"课堂讲授的内容又与数理统计知识紧密相关，所以学生容易产生畏难情绪，在学习的时候也比较吃力，很难理解计量经济学理论知识背后的数理推导，再加上没有意识到这门课程的重要性，学习兴趣不高。

虽然有些高校为了改善学生数理统计基础较差的现状，在正式讲授"计量经济学"课程的核心知识之前会利用8课时左右的时间专门讲解课程相关的概率论与统计学基础，但教学效果仍有限，并没有降低学生的学习难度，学生理解计量经济学背后的数学公式时还是有困难，更谈不上熟练应用了。

（四）考核方式不合理

大部分高校采用平时考核与期末考试相结合的考核方式，其中，平时考核包括考勤、作业、课堂表现三类，共占20%，期末考试占比80%。这种考核方式不能调动学生学习的积极性和主动性，会导致学生在课堂上不认真听讲，只在期末考试前突击复习。另外，这门课程主要考查学生是否掌握了计量经济学的基本概念、基础模型等知识点，缺乏对运用计量经济学知识进行实际操作的实践能力的考核，这导致学生忽视了对案例实操的学习，只能浅显地理解这门课程概念性的基础知识，不能学以致用。

虽然有部分教师在实际考核过程中将平时考核与期末考试的比例关系由2∶8调整为3∶7，试图通过提高平时考核的比重督促学生注重平时的学习与积累，也会复习之前讲过的重要知识点，还会随机提问学生，但是收效甚微，因为这些方式都不足以激发学生内在的学习兴趣。

三、翻转课堂在"计量经济学"教学中的应用探索

与传统讲授式教学模式不同，翻转课堂教学模式改变了知识传授和知识内化的过程（张金磊等，2012），学生在课前利用教师提供的教学视频等网络

资源完成相关知识的学习，然后在课堂上通过教师的作业答疑、和同学的互动交流等方式实现知识的内化（钟晓流等，2013）。翻转课堂改变了师生角色并重新安排了课堂时间，可以实现个性化教学，培养学生的自主学习能力（傅强和黄文武，2015），提升学生的学习效率（杨俊玲，2018），同时也提高学生的实践能力和创新能力（曹文献，2017）。翻转课堂下的项目化教学，可以解决现有"计量经济学"教学中存在的问题，提升"计量经济学"教学效果（叶阿忠等，2019），推动高校教学改革（代玉簪等，2020）。

（一）在教学方式上，采取线上线下相结合的翻转课堂

对于线上教学，教师应该提前准备好视频、课件、案例数据库、Stata 软件基本操作演示等教学资源，按照授课计划，及时发布在超星学习通等线上平台上，要求学生课前通过线上的自主学习，完成基础知识的学习。在这一阶段，教师应该设置一定的考核方式，检验学生对知识点的掌握情况，比如在视频中弹出问题，学生回答正确方可继续播放，或者在完成章节知识的学习之后，学生要参加线上测试，所有的考核结果均计入平时成绩。另外，教师还需采取相应的手段，比如通过 QQ 群、微信群或者调查问卷等方式，收集学生线上学习的反馈，为有学习困难的学生提供帮助。

对于线下教学，教师应该讲解"计量经济学"的重难点、学生线上学习的困惑和案例实操的关键问题，特别是构建计量经济学模型的基本理念，要强调对计量经济学知识点的理解和应用，通过"建立理论假说—收集数据—构建计量经济学模型—估计模型参数—模型设定检验—假设检验—利用模型进行预测"的具体步骤，帮助学生建立起运用计量经济学知识研究实际经济问题的方法论，打通知识的学习和知识的运用之间的关键节点。另外，教师可在线下课堂采取启发式提问、课堂讨论、小组活动等方式，增加教师与学生、学生与学生之间的互动，增强学生的课堂参与感和主体意识，激发学生自我学习的动力。

采取线上线下相结合的翻转课堂需要处理好以下几个问题：一是线上线下教学内容的安排。线上主要是预习，更强调基础知识的学习，比如与计量

经济学相关的概率论与数理统计的部分知识点，可以激发学生学习兴趣的各种背景介绍、引导案例等。而线下更注重对知识点的理解、消化和应用，是对线上教学内容的深化和有益补充，教师要发挥引导作用，引导学生积极参与课堂的教学与讨论，调动学生学习的积极性和主动性，构建良好的学习氛围。二是翻转课堂并没有改变"计量经济学"的课时总数，而是重新分配了课堂时间，教师讲授的时间变少了，学生自主学习的时间变多了，学生的课堂参与度提高了，更有利于提高学生对计量知识的理解程度。三是要重视课后总结与反馈环节：一方面，教师可以掌握学生的学习情况，为后续的答疑和知识深化与拓展提供信息；另一方面，学生可以知道自己对知识的掌握情况，及时调整学习的策略和方向。

（二）在教学内容上，处理好理论知识和实践应用的关系

作为一门方法论的课程，"计量经济学"的教学过程应该强调对学生动手操作、解决实际问题能力的培养，强调理论联系实际，增强创新意识。因此在教学内容安排上，应该弱化理论讲解部分，特别是计量经济学方法背后烦琐的公式推导，强化必要的基础知识和实操方法的讲解，重点介绍计量经济学如何分析和解决实际经济问题，帮助学生理解计量经济学的核心要点，通过实践应用培养学生的学习兴趣，减少学生因数理统计基础较差而学不懂的情况。

具体来说，在理论内容方面，应该删减与计量知识的实践应用不太相关的理论讲解，增加实用性强的教学内容，突出重点，而不是面面俱到地讲解清楚教材中提到的所有知识点。在实践内容方面，应该提高实验课的占比，一方面要重视计量软件的教学，让学生掌握 Stata 等软件在数据处理和计量分析中的基础操作及关键步骤；另一方面要通过具体的案例数据，让学生动手进行计量分析，在实践中理解相关的计量经济学知识点，同时锻炼学生分析和解决实际经济问题的能力。

（三）在教学方法上，使用案例分析和课程论文两种方式

在案例分析部分，由教师选择与中国实际经济问题紧密相关的案例。案

例可以来源于《经济研究》《经济学（季刊）》《金融研究》等权威期刊的经济论文，教师从中挑选出与课程知识点相关的中国本土的经济现象、经济热点和公共政策等实证素材；也可以来源于教师自己的科研成果，通过真实的案例，给学生演示数据收集、数据处理、模型构建、参数估计、假设检验与结果分析的具体过程。案例分析可以反映计量经济学知识的最新应用成果，开拓学生的视野，帮助学生更好地理解计量经济学的实践应用。

在课程论文部分，由学生根据个人体验和对经济生活的观察，选择感兴趣的现实经济问题，按照计量经济学的分析步骤，完成实证分析过程。通过实际操作，提升学生运用计量经济学知识分析和解决问题的能力。考虑到撰写论文的难度较大，该任务应伴随课程的展开逐步进行，教师要分阶段地考查学生的完成情况，比如在讲解完"计量经济学"的导论之后，让学生选择好感兴趣的研究主题，建立理论假说，并从数据和方法两个角度判断研究问题的可行性；在讲解完构建计量经济学模型之后，让学生开始设定计量经济学模型，厘清被解释变量、核心解释变量以及控制变量的关系；在讲解完模型的估计和假设检验之后，让学生进行相应的操作；在课程结束之后，学生需要在课堂上展示研究结果，由教师和其他学生进行打分，教师打分占比70%，其他学生打分占比30%。通过师生互动的方式来检验学生的学习效果，并且让学生参与其中，可以进一步提高学生的实践能力。需要注意的是，该环节耗时较多，需要教师和学生投入的精力较多，为确保该环节真正发挥作用，学生和教师之间需要保持沟通顺畅，当学生在实践过程中出现问题的时候，教师要及时提供答疑服务，避免在课堂展示的时候乏善可陈。

（四）在考核方式上，调整最终成绩构成方式

最终成绩的构成方式由传统的"20%的平时成绩＋80%的期末卷面成绩"调整为"20%的平时成绩＋30%的案例分析成绩＋30%的课程论文成绩＋20%的期末卷面成绩"，从多个维度考查学生的学习效果。

新的考核方式，要求学生掌握计量经济学分析的核心方法，熟悉计量软件的操作，并具备实践操作能力。一方面，可以激励学生把学习重点放在计

量经济学知识的实际应用上来；另一方面，可以促使学生学以致用，把计量经济学知识用于分析和解决实际经济问题，通过撰写经济学课程论文培养学生的实践能力。

四、结语

当前"计量经济学"教学中存在教学模式落后、学科知识与现实应用脱轨、学生的基础较差和考核方式不合理等问题，高校可以通过线上线下相结合的翻转课堂改革"计量经济学"的教学实践，将教学重心由理论知识转向实践应用，使用案例分析和课程论文两种方式培养学生运用计量经济学的实践能力，并从多个维度考查学生的学习效果。

参考文献

［1］张金磊，王颖，张宝辉．翻转课堂教学模式研究［J］．远程教育杂志，2012（4）：46 – 51.

［2］钟晓流，宋述强，焦丽珍．信息化环境中基于翻转课堂理念的教学设计研究［J］．开放教育研究，2013（1）：58 – 64.

［3］傅强，黄文武．计量经济学课程翻转课堂教学设计与实践［J］．中国教育技术装备，2015（8）：122 – 123.

［4］杨俊玲．基于微课的翻转课堂教学方式的再应用——以《计量经济学》为例［J］．教育教学论坛，2018（3）：137 – 138.

［5］曹文献．应用技术型大学翻转课堂下计量经济学课程项目化教学探讨［J］．赤峰学院学报（自然科学版），2017（15）：183 – 185.

［6］叶阿忠，王宣惠，吴相波．基于翻转课堂的计量经济学本科教学改革研究［J］．海峡科学，2019（12）：80 – 84.

［7］代玉簪，朱成科，李蔚．翻转课堂在高校计量经济学教学中的应用与思考［J］．学园，2020（11）：27 – 28.

三全育人理念下的线性代数课程思政教学实践

马健军

摘　要： 如何深入有效地开展课程思政建设，是大学数学课程教学改革亟须研究和解决的问题。本文基于三全育人理念，以线性代数课程为例，分析线性代数课程内容和特点，以及线性代数融入课程思政的必要性和优势，从课程思政教学设计路线和设计理念出发，提出大学数学类课程思政建设的三条思路：从数学发展史出发、从马克思主义哲学思想出发、从数学具体知识点出发，深度挖掘课程思政元素，最后给出了 10 个教学案例，为线性代数课程思政提供教学素材，也为大学其他数学类课程的建设提供很好的借鉴。

关键词： 线性代数　课程思政　思政元素　教学实践

一、引言

习近平总书记在 2016 年 12 月召开的全国高校思想政治工作会议上指出："高校思想政治工作关系高校培养什么样的人、如何培养人以及为谁培养人这个根本问题。要坚持把立德树人作为中心环节，把思想政治工作贯穿教育教学全过程，实现全程育人、全方位育人，努力开创我国高等教育事业发展新局面。"在 2019 年 3 月召开的学校思想政治理论课教师座谈会上，习近平总书记再次强调："坚持显性教育和隐性教育相统一。要挖掘其他课程和教学方式中蕴含的思想政治教育资源，实现全员全程全方位育人。"在上述思想的指引下，教育部于 2020 年 5 月印发了《高等学校课程思政建设指导纲要》，文件指出，"把思想政治教育贯穿人才培养体系，全面推进高校课程思政建设，发挥好每门课程的育人作用，提高高校人才培养质量。"

对于我国高等教育而言，课程思政是隐性思政的重要前沿阵地和有力抓手，旨在各类课程中充分挖掘思想政治元素，发挥教师在教书育人中的重要作用，坚持把立德树人作为根本目标，把思想政治教育贯穿整个教学过程，实现全程育人、全方位育人。但由于课程思政建设在很多高校才初步展开，在实施过程中仍然面临诸多问题亟待探究与解决。

二、线性代数的课程内容和基本特点

线性代数是各高校理、工、经、管、农、林、医学等专业的核心基础课之一，其覆盖面广，课时占比大，主要讲述行列式、矩阵、向量、线性方程组、矩阵的特征值和特征向量、相似矩阵与二次型等方面的内容。线性代数是一门工具学科，其中的理论和方法在许多学科中都有重要的应用。线性代数课程不仅支撑着各专业培养目标的实现，也支撑着德育目标的实现，因此它在各专业人才培养的课程体系中占有重要地位。

线性代数课程的特点有：逻辑推理的严密性，研究方法的公理性，公式多，式子大，符号繁，但规律性强。从内容上看，虽然纵横交错，但前后联系紧密，环环相扣，相互渗透。此外，课程内容比较抽象，需要学生具备一定的抽象思维能力、逻辑推理能力、分析问题的能力和动手解决实际问题的能力。

三、线性代数课程的教学中融入课程思政的必要性与优势

1. 思政元素融入线性代数课程的必要性

大学阶段是人生发展中的黄金时期，在这个阶段，大学生对未来满怀希望和憧憬，带着信念，充满热情，正处在世界观、人生观、价值观形成和发展的重要时期，是确立人生目标的重要时间节点，也是对他们进行思想政治教育的绝佳时期。高等院校是培养新时代具有中国特色社会主义人才的前沿阵地，承担着为党育人、为国育才、立德树人的重要使命。在各类课程讲授过程中积极融入思政元素，发挥专业知识学习和思想政治教育的联动，对学

生树立远大抱负和培养正确的三观，承担起中华民族伟大复兴的光荣历史使命具有重要意义（高德毅和宗爱东，2017；高宁和张梦，2018）。

在当下实施全员全程全方位育人的课程思政背景下，将思政元素积极融入线性代数课程教学中是课程改革的必然趋势，此举措可以极大地提升学生的学习效果，以及塑造学生的优秀个人品格，培养其形成正确的价值观，引发更深层次的思考和感悟（李洁坤和陈璟，2019）。

2. 思政元素融入线性代数课程的优势

第一，课程本身很重要，属于大学期间最重要的基础课，大学生也非常重视数学类课程的学习，所以在这门课程中展开思政教育，把课程思政做好，就更有意义了。第二，课程对象人数多，是理工农医及经管类专业的必修课，其涉及面较广。以四川外国语大学为例，国际金融与贸易学院、国际工商管理学院对全体学生在第二学期开设了线性代数这门课程。第三，课程对象年龄小。线性代数在大一第二学期开设，对大一的学生来说，正经历从在家长和教师的陪伴和监督下的学习生活到自主学习生活的转变，正处在世界观、人生观、价值观形成和发展的重要时期，是确立人生目标的重要时间节点。所以教学团队要抓住这个时机开展思政教育。

四、线性代数课程教学中融入课程思政的方案

教学团队以党中央和习近平总书记关于课程思政的文件精神为指导，认真分析线性代数的课程特点，并充分挖掘与其相关联的思想政治元素，积极探索新文科背景下线性代数课程思政的设计方案。

1. 课程思政教学设计路线

课程思政是使各类课程与思政课程同向同行，形成协同效应，以实现立德树人为根本任务的教育理念。其基本方式是以专业教学的知识为载体，自然地融入思政内容，实现教书育人的目标。因此，课程思政的教学过程是专业教学与思政教学的融合，课程思政的教学目标是专业教学目标与思政教学目标的和谐统一。要实现这两个目标的和谐统一，就必须对课程思政的教学环节进行周密设计。

依据系统理论的基本原则，制定课程思政教学设计的基本路线：第一，针对专业教学内容，初步找出思政元素；第二，依据思政元素，综合确定思政主题；第三，围绕思政主题，以突出重点为原则，优选思政融入点；第四，合理安排每一个思政元素融入的广度与深度。该路线点面结合，循序渐进，力求实现课程思政效果的最优化。

2. 课程思政教学设计理念

思政主题是多个思政元素的优化组合，数学课程的思政元素可概括为以下几个方面。

（1）政治认同：中国共产党的领导、社会主义国家、社会发展道路。

（2）国家意识：国家利益、民族团结、集体意识。

（3）文化信仰：历史文化、革命传统、传承文化。

（4）道德品行：守法平等、诚信尽责、自强自爱。

在具体教学过程中从课程思政设计理念出发，精心设计教学内容，利用各种教学方法把思政元素全方位、全过程地贯穿在整个课程中，转变传统的知识灌输思想，融合立德树人的思政教育，把培育和践行社会主义核心价值观融入教书育人全过程，激发大学生的历史使命感，培养积极向上的个人品格。

3. 课程思政教学内容

线性代数教学团队深入挖掘、系统梳理线性代数课程中蕴含的思政教育资源及其核心内容。

（1）从数学发展史出发，挖掘思政元素。从数学发展史出发，引出中国历史文化，树立文化自信和民族自豪感。

案例 1：在学习线性方程组、矩阵及矩阵的初等变换时，教师可以介绍中国著名数学著作《九章算术》。在《九章算术》中，古人就采用了分离系数法来表示线性方程组，并且其求解方法和加减消元法思想一致（杨威等，2020）。古老的中华民族在线性代数发展中贡献了自己的聪明才智，教师应强调要始终坚持中国特色社会主义道路自信、理论自信、制度自信、文化自信，以此增强学生的文化自信与民族自豪感，鼓励学生探寻我国传统文化中的瑰宝遗珠。

（2）从马克思主义哲学思想出发，挖掘思政元素。从马克思主义哲学思想出发，挖掘线性代数课程中"变与不变""量变与质变"等辩证关系，让学生懂得学好辩证法是深入理解线性代数概念的关键。

案例 2：在学习行列式的定义的过程中，从二阶行列式、三阶行列式到 n 阶行列式的定义过程，教师可以引出"量变与质变"的辩证关系。在学习矩阵初等变换、矩阵相似变换及矩阵合同变换时，教师可以引出"变与不变"的辩证关系。教师可利用矩阵进行初等变化、秩不变，矩阵进行相似变化、特征值不变等知识点，引出思政元素"形变质不变"等辩证思想。

案例 3：在判断矩阵是否可逆、方程组是否有解、二次型是否正定时，教师可以引出"以量定质"的辩证思想。根据行列式的值是否为零来判断矩阵是否可逆；根据方程组系数矩阵和增广矩阵的秩是否相等来判断方程组是否有解。以上都是根据它们的"量"来确定它们对应的"质"。

案例 4：在学习矩阵的可逆与不可逆、向量组的相关与不相关、方程组的有解与无解、方阵的可对角化与不可对角化时，教师可以引出思政元素"对立和统一"的辩证关系。

案例 5：在讲解行列式与矩阵的区别时，教师可以引出思政元素"现象与本质"的辩证关系。虽然行列式与矩阵的外表很相似，但其本质完全不同：行列式本质上是一个值或者是一个算式，而矩阵是一个数表。

案例 6：在讲解矩阵乘法时，行向量左乘列向量与列向量左乘行向量表面相似，但前者是一个值，后者是一个方阵，完全不同。教师可以学生就业为例对其进行思政教育，如两名学生毕业后，一人去国企，一人去外企，表面上看类似，但本质相差甚大，以此培养学生"报效祖国，为国争光"的崇高思想。

（3）从数学知识点出发，挖掘思政元素。从线性代数各章节的具体知识点出发，深度挖掘各种思政元素。

案例 7：向量的产生和发展源自数学的进步和物理学的发展，同时向量为客观世界与科学技术的发展提供了强有力的工具，因此教师在讲授向量的起源时，可引出思政元素——实践是创新与发展的动力，培养学生的辩证唯物主义世界观、人生观和方法论。

案例 8：在讲授 n 维向量、n 阶行列式的定义时，教师从 n 维向量定义的高度将抽象过程融入思政元素：要善于从一类客观事物中发现其共同特点，实现感性认识到理性认识的飞跃。

案例 9：从线性组合的表达式本身来看，线性组合只有加减和数乘这两种运算，显得很简洁；再从线性组合的结构来看，若干向量通过加法组合到一起。若把向量比喻为人类智慧的明珠，则向量的线性组合就犹如一串美丽的珍珠。所以，线性组合体现了简洁美与组合美的和谐统一。教师可引出思政元素：在数学学习中要注意发现数学的美。又因向量的线性组合不但体现出组合美，更体现出集体的力量，由此再引出思政元素：团结就是力量。

案例 10：在讲解向量组的极大线性无关组的定义时，为了让学生理解得更加深刻，可以将极大线性无关组比喻成"家"，将整个向量组比喻成"国"。家是国的一部分，但极大线性无关组在一定程度上代表了向量组的性质。通过这样的比喻，引导学生更好地体会"家"与"国"的关系，从而增强学生的责任感、使命感及爱国主义情怀，培养学生有国才有家的思想。

4. 提升线性代数任课教师的思政育人能力

课程思政的最终成效如何主要取决于授课教师的思政育人能力，专业课教师应当具备丰富的理论储备以及协作育人的正确意识，提升自身的思政育人能力，为课程思政建设夯实基础（何亮田和谢建强，2021）。同时，因为一个人的理想与信念、道德与修养、情怀与智慧是深深铭刻在心智中的内在品质，所以授课教师必然会将其带进课堂，且会不自觉地融入教学过程。因此，为提升线性代数授课教师的思政育人能力，笔者提出以下建议。

第一，加强针对线性代数教师的思想政治教育与培训，增强其道路自信、理论自信、制度自信、文化自信，培养其科学的育人意识，使教师热爱学生，具备扎实的知识和较强的教书育人能力，为学生树立榜样。转变教师只重视知识传授和能力培养、忽视价值引导的观念，引导教师树立课程思政理念，以思想引导和价值观塑造为目标。

第二，在加强师资队伍建设的过程中，充分利用老教师对新教师的传帮带作用，发挥教学先锋模范人物的榜样作用，开展思想政治教育技能培养。利用各种手段强化课程思政教学改革工作，使教师通过各种方式把知识传授、能力培养和思想引领真正融入线性代数课程教学过程中。

第三，加强对线性代数教师的新时代使命与担当教育。思政元素的融合离不开时代背景，只有不忘初心、牢记使命，思想政治教育才能够更接地气，才能引起学生的学习兴趣，充分调动学生的主动性与积极性，让学生在潜移默化中接受思想政治教育。

五、结语

线性代数课程思政探索的目的是实现学生的专业知识、创新能力、道德品质的全面发展，真正达到全方位育人的目标。课程思政是全员思政、全程思政，必须做到润物细无声。因此，课程思政对每一位教师都提出了很高的要求：要求我们以社会主义核心价值观为基础，提高自身的道德修养，增强自己的理想信念；要求我们勤于学习，善于学习，丰富思政积累；更要求我们进一步提高课程思政的教学智慧，提高课程思政教学设计能力和实现能力。

如何深度挖掘专业课程中的思政元素并巧妙地融入教学过程中，激发学生学习的新鲜感与成就感，发挥学生的主观能动性，达到立德树人的培育目标，是每一位教育工作者应该积极探索的问题。不忘育人初心，牢记树人使命，这既是我们开展课程思政的不懈动力，又是我们做好课程思政的永恒追求。

参考文献

[1] 高德毅，宗爱东．从思政课程到课程思政：从战略高度构建高校思想政治教育课程体系 [J]．中国高等教育，2017（1）：43-46.

[2] 高宁，张梦．对"课程思政"建设若干理论问题的"课程论"分析 [J]．中国大学教学，2018（10）：59-63.

[3] 李洁坤，陈璟．大学数学"课程思政"教育教学改革的研究与实践 [J]．

教育教学论坛，2019（52）：120 – 121.

［4］杨威，陈怀琛，刘三阳，等．大学数学类课程思政探索与实践——以西
安电子科技大学线性代数教学为例［J］．大学教育，2020（3）：77 – 79.

［5］何亮田，谢建强．课程思政背景下的"线性代数"教学实践［J］．合肥
学院学报（综合版），2021（5）：128 – 133.

新文科背景下 FIT 人才培养模式的
叙事教学法探索

李菁华

摘　要：新文科建设在新时代发展及社会各界对人才产生新需求的大背景下应运而生。新文科建设的目的在于促进各个学科间兼容共享、协同发展，即通过人文学科和其他学科相结合来培养复合型人才。教师作为引路人，应该引入更多的、切实可行的教学方法来培养人才。将叙事教学法引入 FIT 人才培养体系是高校培养优秀人才的一次全新尝试。鉴于此，本文通过分析叙事教学法的可行性及其意义，与 FIT 人才培养进行融合，提出具体的人才培养策略和实施路径，有助于更好地培养与新文科背景相适应的复合型 FIT 人才。

关键词：新文科　叙事教学法　FIT 人才

一、引言

随着我国新时代经济社会的不断发展，大学教育如何培养出社会所需的综合应用型人才，成为教育界乃至整个社会关心的问题。美国的希拉姆学院于 2017 年率先提出了"新文科"这一新的概念，已有文献将新文科解释为：在已有传统文科的基础上，加入其他学科专业课程，即把现代科学技术融入文哲史诸如此类的课程中，以此对文科课程进行重组、形成多学科交叉，使得学生可以进行综合性的跨专业学习，从而获取丰富知识和培养创新思维（连凡，2021）。简单来说，新文科建设的目的在于促进各个领域兼容共享、协同发展，即通过人文学科和其他学科相结合来培养具有综合素质的复合型人才（余兰和张富庄，2022）。2018 年 6 月，教育部提出文科教育创新发展，并于同年 10 月决定实施"六卓越一拔尖"计划 2.0，其涉及不同领域，目的就是培育复合型人才（童藤和张紫诺，2021）。该计划启动后，新文科建设逐渐受到了社会各界的普遍重视。新旧文科相比，新文科在内涵上赋予中国特色，旧文科注重"分科治学"，而新文科更加强调"专业融合"（李鹏虎，2021）。文科教学的目的是增强受教育者的主体性、创造力、归属感，从而形成社会影响力、感召力、创造能力，建立我国人文自觉性的主战场、主阵地、主渠道，并以此实现增强中国国家文化软实力的目的。新文科建设工程，对促进哲学文科教学新发展、形成以育人育才为中心的哲学社科发展新格局、促进培育新时期文科人才等，均具有重大意义（孙建群和田晓明，2019）。高等教育机构不但要通过专业教学和实践实训培育学生专业的基本理论知识和实践能力，而且要采取各种措施培育学生健壮的体魄、完善的人格、探索精神和人文素质（廖晟等，2021）。新文科建设是对高等教育的又一次升华，它以新的育人理念、新的教学方式顺应时代发展变革，着眼于对传统文化进行创新，在新时代提出新主张，以此促进文科的融合发展，从而培养新时代所急需的全方面发展的综合型人才（周毅和李卓卓，2019）。

基于新文科建设的大背景，以及其对于促进文科教学创新发展、促进培育新时期文科人才培养的重要性，FIT 人才培养模式应运而生。FIT 人才培养模式不仅强调学生的专业知识的夯实，还强调学生跨学科能力的提高，这与新文科背景下加快培养新时代文科人才的要求是相符的。提出具体的培养策略和实施路径，以此变革教学模式，创新人才培养体系，促进学科交叉，培养出满足社会需求、具有综合素质的复合型 FIT 人才是目前的首要任务。所以，引入新的教学方法势在必行。

二、叙事教学法

大学教育最主要的目标就是实现人全面而自由的发展。叙事教学法构建的整个流程始终围绕着素质教育理念对学生进行培养教育。但由于教育效果往往存在着一定的滞后性，这就需要教育工作者在教育过程中必须保持教育理念定力，不要由于一时的失利而怀疑或者动摇自身选择教育事业的初衷与目标。因此叙事教学法必须按照素质教育的宗旨，从培养学生健康成长、成人、成才、成功四大层面设计教学结构；从知识掌握、经历累积、才能培养、性格形成四大领域设计课程与教学，并注重在知识、理论、专业技能、艺术、领袖五大领域提升学生的综合文化素养。当然我们能肯定的是，所有的教学理念都具有历史局限性，在教学的具体实施中也会不断地出现新的问题，包括技术蓬勃发展所造成的教学方式的重大变革，产业发展趋势对人才培养提出的一系列新的需求，以及全新的社会价值观对大学生价值观造成的巨大冲击。而这些变化，都需要教学工作能够顺应时代发展趋势，及时地进行调整。

叙事教学既是一个教学实战平台，也是一个教学创造平台，承载着激活大学生创造力与知识创新能力的责任。经过教师的讲授、学生和教师之间的交流、各学科间的交叉等过程，大学生在"接受知识—整理知识—表述知识"的过程中，逐步发现自身的兴趣点，从而激活创新潜力，提高自身知识的创造力。大学生创新意识与创新能力的增强，可以进一步推动高校发展。

综上所述，叙事教学建设应从培养大学生全面健康发展入手，着眼于从多方位提高大学生的综合性文化素养水平，并不断更新和丰富教学内容、创新教育模式。只有通过调整课堂教学结构，使大学生更全面积极地投入课堂学习中，才能最大限度地提高大学生对知识的掌握程度。另外，通过叙事教学还能够挖掘大学生的潜能，培养大学生的创造意识与创新能力。基于此，名师课堂可以有效运用于 FIT 人才培养体系中。

（一）叙事教学运用于 FIT 人才培养模式的必要性

为了实现大学生全面自主的发展，高校需要提供优质的教育教学资源，让大学生可以自由选择不同的教学模式。其中教学方法是所有教育教学资源里最核心的因素，由于科技的不断创新，大学生的学习方法需要做出调整，同时行业发展对大学生的能力也提出了更高要求。技术进步与行业发展急需跨专业人才，因此高校要构建多层次的知识框架，打通学科壁垒，使学生有机会接触到各个领域的专业知识。

在叙事教学创造出的这样一个活跃的情境和可能的世界中，学生可以全面提高表达能力，包括语言、行动、想象力、创造力等，然后在这种认知活动中积累专业知识。叙事教学法不仅有助于培养学生的语言和智力认知能力，而且注重培养学生的综合认知能力、想象力和创造力。

叙事教学法作为一种独特的基于生活经验和认知的教学方法，以人类社会生活中的各种理论、实践和哲学观点为基础，强调叙事或故事。现实生活中的叙事或故事可以加深学生的记忆，从而提高学生的学习效率和学习动力。

（二）叙事教学运用于 FIT 人才培养模式中的核心概念

在叙事教学的实践中，叙事、故事、非语言叙事和叙事句在改编教材以及创建故事的时候都非常重要（熊沐清和邓达，2010）。叙事是叙事教学的基石。传统意义上的狭义叙事是一种话语模式，根据特定的时间序列，特定的事件序列被嵌入以获得意义。其中，动作、对象和事件是叙事的三个核心要素（马一波和钟华，2006）。叙事是传统的话语形式。现在叙事的概念扩展到非语言层面，代表所有人类行为。在文学意义上，它并不完全是一种体裁。非语言叙事不仅指文学叙事，也指非文学叙事。叙事是人类最基本的活动和事件，因此它无处不在。我们所做的一切，从准备早餐到上床睡觉（没有任何顺序），都可以被认为、安排或描述为叙事，有开头、中间和结尾，有人物、环境和戏剧性的点（困难或冲突）（熊沐清和邓达，2010）。无论这个故事有多大或多小，我们都能学到更多关于我们自己和周围世界的知识。在今天，这种"广泛叙事"的观点已成为普遍共识。我们认为日常生活中没有言语的行为都是非语言叙事。

（三）叙事教学法培养 FIT 人才的实施路径

叙事方法的核心在于以故事的形式重述课程内容。在叙事教学过程中，教师根据叙事风格组织教学。教师可以通过使用金融学、经济学专业词汇来构建故事和场景用以叙事。这个过程可以是从头到尾的，也可以是教学的某一个主要阶段。在具体操作中，教师可以按照课前、课中、课后的教学程序进行教学。主要的教学模式包括编教材、设情境、设任务、设故事。

第一步是在上课之前，教师首先用叙述法重述专业术语。在构建的场景中，必须包含人物、时间、地点、事件等因素，这样才能丰富和完善故事。对于故事构建，重点和难点是如何掌握专业术语的可用性。由于知识结构的不同，故事中的语言必须在学生的理解范围内。只有这样，学生才能理解故事，从而激发出学生的兴趣。当然，需要学习的新术语和词汇都应该包含在这个故事中。新方法开始时，新术语和词汇最好不超过 8 个。教师可以从小故事开始，然后把几个小故事合并成大故事，这样就涵盖了更广泛的教学知识。

第二步是在课堂上。为了抓住学生的注意力，在讲准备的故事之前，教师应该先提出问题和任务。带着一定的怀疑和寻找答案的欲望，学生可以理解故事中隐含的教学信息。学生按要求写下笔记和一些有趣的信息。故事结束后，教师可以引导学生进入真正的学习过程。在大学教育中，学生互动和参与比一切都重要。教师要引导学生复述课堂故事内容，或者参与重构故事的过程。起初，学生在同学面前说话会感到尴尬或害羞，这时教师应该鼓励他们。如果可能的话，学生可以讲述自己的故事，这可以加深他们对新学习内容的印象。在此过程中，学生可以加强词汇学习和大脑重建，因为故事的编造依赖语境，依赖学生的造句能力。

第三步是课后复习。叙事教学法注重学生的自主学习能力培养。所学知识将以框架或脚本的形式存储在大脑中，这有助于知识系统的自我构建。因此，课后复习是叙事教学步骤的重要组成部分，通过这一过程，一些在课堂上没有用新词讲述故事的学生也可以在叙事教学法的框架下训练自己的叙事能力。

三、结语

新文科背景下，FIT 人才应当具备宏微观、数学及创新等思维能力，在学习规定教材的基础上弄懂一系列金融理论，逐渐找到并建立一套适合自己的学习方法和理论体系。然后逐步向其他专业知识靠拢，将各类专业课程进行有效融合，找到跨学科相容的结合点，打好知识基础。关于教学理念，高校应变革旧的教学思维，结合时代发展的需要和专业特点，在教学活动中充分将金融与智能技术结合，增设一些具有学科特色的专业课程，培养复合型人才（周毅和李卓卓，2019）。对于将文科素养融入理工科素养这一举措，必须说明的是，新文科建设不能本末倒置，必须保持文科独特的思维特征，不能因强调学科融合而抛弃本质。

教学发展也存在着规律性，不能逾规，欲速则不达。叙事教学的构建过程中，同样要遵从教学基本规律、知识形成与传递的基本规律和学习者发展的基本规律。高等学校应该提炼与总结各种教学模式中的优势，避免其中的不利模式，并依靠自己的软硬件能力，创造适合自己的模式。教师要不断更新与充实教学内容，并调整相关的教学课程。学生是听讲的主体，教师可以通过调查问卷和宣讲会等多种形式获取学生的意见和看法，创新教育模式，以便使学生更主动和全面地投入课堂学习当中。

本文通过分析新时代背景下新文科建设的内涵及其具体要求，以及叙事教学的必要性、意义及其设计思路，指出可以将叙事教学与 FIT 人才培养相融合，同时提出了具体的培养策略：培养综合型教师、提升师资队伍水平、改变学习方法、转变教学思维、扩展课程体系、打破学科壁垒，以及具体的培养实施路径。通过叙事教学法培养 FIT 人才符合新文科建设的要求，可以培养出新时代所需的全面发展的综合型人才。

参考文献

［1］连凡．新文科视野下的"中国哲学史文献学"课程体系建设［J］．合肥师范学院学报，2021（5）：115－120．

［2］余兰，张富庄．新文科背景下综合英语课程思政教学实践与思考［J］．新丝路，2022（2）：114－115．

［3］童藤，张紫诺．新文科背景下金融类专业应用型人才培养策略研究［J］．湖北经济学院学报（人文社会科学版），2021（11）：122－124．

［4］李鹏虎．从分科治学到科际融合："入世式学术"视野下新文科建设的基

本理路［J］. 黑龙江高教研究，2021（11）：7 - 12.

［5］孙建群，田晓明. 人文社会科学研究评价的基本遵循［J］. 苏州大学学报（哲学社会科学版），2019（6）：23 - 31.

［6］廖晟，鲁宇，祖超威. 新文科建设背景下金融类课程改革建设研究［J］. 科技视界，2021（28）：193 - 194.

［7］周毅，李卓卓. 新文科建设的理路与设计［J］. 中国大学教学，2019（6）：52 - 59.

［8］熊沐清，邓达. 叙事教学法论纲［J］. 外国语文，2010（6）：104 - 113.

新时期文科大学生高等数学课程教学探究[*]

李海利

摘　要：数学对人们解决实际问题和提高思维品质有着十分重要的作用。数学思想和方法对学习其他学科也有着十分重要的支撑作用。但是，高校文科专业高等数学的教学仍然面临着教学模式和教学内容僵化、教学与专业和实践脱钩、教师资源和教学经验不足、学生基础普遍较差等问题。本文对这些问题进行了探究思考，并结合教学实践进行总结分析，提出了优化文科大学生高等数学课程教学的策略，为进一步提升文科类院校高等数学课程教学水平、效果和质量提供参考。

关键词：文科大学生　高等数学　课程教学　优化策略

一、文科大学生高等数学课程教学现状

习近平总书记在党的十九大报告中指出："经过长期努力，中国特色社会主义进入了新时代，这是我国发展新的历史方位。"2018 年 9 月，在全国教育大会上习近平总书记指出："新时代新形势，改革开放和社会主义现代化建设、促进人的全面发展和社会全面进步对教育和学习提出了新的更高的要求。"新时代赋予了文科教学更多的内涵和使命，对文科教学提出了更高的要求。对于纯文科院校中的"异类"——高等数学的教学，如何服务好文科专业学科教学，充分发挥数学学科的课程价值，提出了更高要求。

　　* 本文系四川外国语大学研究生教育教学改革研究项目"新时代加强专业学位研究生实践创新能力培养的探索研究"（编号：yisjg202211）阶段性研究成果。

数学是一门基础理论学科，与物理学、管理学、生物学、社会学、工学、经济学等学科有着紧密且重要的联系，对学习这些学科发挥着重要的支撑作用，数学思想和方法对开展学科研究也具有重要的指导作用。数学作为一种普遍适用的工具，有助于人们收集、整理、描述信息，建立数学模型，进而解决问题，为社会创造价值。数学与社会发展关系密切，在很多领域都有重要的应用。数学还蕴含丰富的辩证思想，有人说，高新技术本质上是一种数学技术。在新时代，创新是引领发展的第一动力，数学作为人类培养思维品质的重要学科，做好数学课程的教学，尤其是做好大学生高等数学的教学，对培养学生的数学思维十分重要。

早在 20 世纪初蔡元培先生就提出了融通文理两科之界限，主张习文（理）科者，不可不兼习理（文）科中之某种。数学对人们思维品质的提高的作用越来越被大家认可，越来越多的高校文科院系开始开设文科生高等数学课，外语类院校也结合自身实际情况在部分专业开设了高等数学课程。但是，当前文科大学生高等数学的教学仍然面临着一些问题：一是文科类院校以语言、文史、经贸类专业教学为主，在高等数学课程的教学经验、教师资源等方面存在先天劣势。二是教师的教学方式还没有从传统的理科数学教学中转变过来，难以激起文科学生学习高等数学的兴趣。三是高等数学的教学内容缺乏创新，教学内容多由"定义、定理、证明、举例"四个部分组成。四是在实际的高等数学教学活动中，教师过分强调知识的传授和解题方法的指导，忽视了培养学生的数学能力和数学思维，并且教学内容缺乏与专业课程和实践的衔接。五是高等数学的课堂大都是由教师讲课、学生听讲，教师不会把太多时间用在问题讨论上。六是一些进入文科类院校的学生，高中阶段的数学基础较差，任课教师不仅需要教授新课知识，而且需要为其讲解高中阶段的部分基础知识，这对任课教师提出了更高要求。

因此，有必要针对当前文科类院校高等数学教学存在的问题进行研究，优化课程设计、创新教学方法、提高教师水平，进一步提升文科类院校高等数学课程教学水平、效果和质量，进而推动数学知识真正服务于专业教学，培养学生用数学思维解决专业问题的能力，提高学生的整体文化素质。

二、高等数学课程教学优化策略

（一）优化课程设计

在文科大学生的高等数学课程设计上，不仅要兼顾文科学科的特点及其与理科之间的差异，更重要的是要体现出数学教育的课程价值。比如在学科研究对象上，文科类专业研究的对象主要在社会学领域，包括政治、经济、法律、文史、艺术、教育等，因此在课程设计上就必须兼顾文科的学科特点，加强与专业的衔接，不能随心所欲地按照传统的数学课程设计思路进行。要在课程设计上注重体现数学教育在培养学生的数学意识和精神、数学思想和方法、数学审美和应用等方面的价值。要按照不同专业对数学的需要，合理规划设置教学内容，让学生将数学更好地应用在专业学习中，实现数学教育与文科专业教育的有机结合，充分体现数学教育在文科专业中的教育性、基础性与实用性作用，有效地帮助文科学生培养数学思维，提高理论分析和逻辑思维的能力，提高应用基础数学知识或数学能力解决学科专业中的理论问题和实际问题的能力。

（二）创新教学方法

数学是一门逻辑性较强的学科，很多文科学生因数学基础差，在学习高等数学的过程中感到困难和枯燥。这就要求任课教师在教学中采用多样化的教学组织形式和方法。比如，开展分类教学，因材施教；放慢速度，重打基础；联系专业，激发兴趣。笔者结合教学实践认为，对于同一章节的不同内容，应采用不同的教学方法进行讲解。在章节引入环节，多讲解与专业相关的实例，激发学生的学习兴趣；在概念性的、原理性的知识讲解环节，应多与旧知识相联系，推动学生强记一些基础的定义、定理、公式；计算环节应以例题讲解为核心，进行深度剖析，仔细讲解推理演算过程，并且边讲解边互动，了解学生的掌握情况，讲解完毕后，利用学生的"求新欲"，让学生进行习题练习，之后再次进行分析讲解，推动学生进一步理解和掌握计算推演方法；在知识运用环节，要结合专业或者生活中的实际问题，指导和引导学生思考研究解决问题的数学思路和方法，重点培养学生的数学思维。要丰富教学手段，用好互联网媒体，比如在微信平台及时与学生进行交流，探讨问题解决思路，在线解答学生的问题或困惑，这样既增加了与学生的沟通，拉近了与学生之间的距离，同时极大地提升了学生自主学习的效率。可以利用多媒体平台将典型例题制作成微视频，分享给学生，学生可以随时随地学习，还可以激发学习兴趣，丰富学习资源。

（三）提高教师水平

教师是教学活动的策划者、领导者和组织者，在教学过程中起着主导作用。教师的教学技巧、知识储备和对相关专业的了解掌握，对教学效果有着至关重要的作用。文科类院校本身就存在数学教师资源稀少的先天劣势，数学教师相互交流、学习提升的机会较少，教学经验不足。再加上数学教师多为理工科专业毕业，对文科相关专业的特点和知识了解较少。因此，在与文科专业进行结合、改变传统教学理念上还需要不断加强。作为一名文科专业的高等数学教师，不仅要不断提升文科专业的素养，还要重塑自己的高等数学教学理念。一方面，文科专业的数学教师要努力学习文科相关专业的知识，不断进行知识更新，了解文科相关专业与数学知识的联系，提高对数学在相关学科领域应用的认识，了解文科相关学科的发展对数学知识的需求，将数学教学内容与专业教学内容有效结合起来。同时在教学过程中，要有针对性地为学生提供专业教学案例，提升学生在专业课程中对数学知识的应用能力，加深学生对数学和专业课程知识的认识，提升专业能力。另一方面，文科专业的数学教师还要从理科数学教育和工科数学教育的传统经验的束缚中解脱出来。在教学过程中，重点强调数学知识产生和应用的相关学科背景，注重与相关学科的交叉融合，弱化教学中单纯的数学原理推理，以应用为主，以逻辑推导为辅。只有这两方面结合，才能让学生对高等数学学习产生兴趣。兴趣是最好的老师，学生在有学习兴趣的前提下，才能学好高等数学，才能在今后的学习和工作中用好高等数学。

三、结语

总之，在文科院校的高等数学教学中，教师应积极创新教学模式和方式，不断提升教学水平，将数学教学与专业内容有效结合，提升学生应用基础数学知识或用数学能力解决相关专业或实际问题的能力。本文对当前文科院校高等数学教学中存在的问题进行探索，尝试性提出改革建议，结合教学实践，从课程设计优化、教学方法创新和教师水平提升几个方面提出文科大学生高等数学课程教学优化策略，为进一步提升文科类院校高等数学课程教学水平、效果和质量提供参考。

参考文献

［1］李婷．新时期背景下对高校高等数学课程优化教学的探究［J］．新校园（上旬刊），2017（4）：112.

［2］刘存霞．地方高校文科高等数学"金课"建设探究［J］．课程教育研究，2019（36）：27，29.

［3］王成满．高校文科数学教学方法改革与实践策略研究［J］．江西电力职业技术学院学报，2020（2）：74－76.

论高校教师课堂行为设计对学生创新创业能力的影响*

——以"公司战略与风险管理"课程为例

王淋靖　彭馨逸

摘　要： 在国家大力倡导高校进行创新创业教育改革的前提下，各高校金融专业都在转变教育思想，更新教学方法来适应新时代教育发展的需要。课堂教育作为高校人才培养的重要环节，也是对学生进行创新创业教育的重要落脚点。教师课堂行为对教学效果有着至关重要的影响。本文将以"公司战略与风险管理"的课堂行为设计为例，解读该课程授课教师如何利用课堂行为设计加强对学生创新创业能力的培养，充分发挥该课程"复合型""跨学科""重实践"的特点。

关键词： 课堂行为　创新创业　公司战略与风险管理

一、高校教师课堂行为要点分析

之前人们只把教师的课堂行为作为教学经验的体现而不是独立领域来看，从 20 世纪中期开始，随着教育改革的不断推进，教师课堂行为的重要性逐渐凸显，研究者们将研究视点聚焦于课堂行为。20 世纪 90 年代以来，不少西方学者开始提倡进行"教师研究""行动研究"，这些是教师为解决实际问题而边教边开展的研究活动。研究结果表明：课堂内学习者的成功在很大程度上

---

　　* 本文系四川外国语大学教学改革研究项目"新文科视域下金融学专业基础课程多维协同实践教学模式研究"（编号：JY2474214）的阶段性研究成果。

与教师的课堂行为及课堂教学的实际过程有关，学生对自己与教师的课堂互动十分敏感，他们监视教师与自己的互动，也监视教师与其他同学的互动。要使学生积极思考，主动表达自己的观点，教师要通过调整课堂行为来激发学生的兴趣，使学生能专注于课堂并积极参与整个课堂教学过程，提高课堂中能力培养的有效性。

随着经济的发展，社会对于人才供给提出了更高的要求，需求侧的改变反推各高校教师改变以往的课程教学形式，提倡自主、探究、合作的教学方式，强调培养学生的实际应用能力和创新思维。在这样的情形下，高校教师的教学行为要发生一定的转变。跟以往全堂授课的传统教学行为不同，现代高校教学行为可以有很多表现方式，课堂讲授、课堂提问、使用多媒体、课堂任务发布等均是现代高校重要的教学行为。

(一) 课堂讲授

讲授行为是教师用口头语言向学生系统传授知识的最常用、最基本的教学方法，是高校教师课堂中的最主要行为。美国教育研究专家佛兰德斯（Flanders）曾在大量课堂观察的基础上提出了"三分之二律"，即课堂时间的三分之二用于讲话，讲话时间的三分之二是教师讲话，教师讲话的三分之二是向学生讲话，而不是与学生对话。对我国各高校课堂观察后也发现了类似的结果，讲话时间占课堂的65%左右。教师在处理讲授行为时，一般具有两种明显不同的风格：注入式和启发式。注入式教学也称"填鸭式教学"，是与启发式教学相对立的一种教学方式，指教师视学生为接受知识的"容器"，忽视他们的基础知识、理解能力和学习兴趣，用强制的方式向他们灌输知识，并要求他们死记硬背。而启发式教学则更加注重和遵循教学规律，是运用各种教学方法，充分调动学生的学习主动性、积极性的教学行为。因此，高校课堂讲授行为不能采用注入式教学，在讲授过程中要强调学生的主体性，积极引导学生发挥主体性。讲授过程中的关键问题不是"教师讲学生听"这一现象，而是"教师怎么讲学生怎么听"这一本质。课堂讲授的关键要看教师进行讲授行为时关注学生听讲的效率和方式，让教师的主导作用与学生的自觉性、积极性紧密结合起来。教师讲授行为的具体表现有以下几点：活动区间、是否脱离讲稿、声音及语调、手势及眼神。每个单独的行为表现对课堂效果都有直接的影响。

（二）课堂提问

在教学过程的诸多教学行为中，最有效的互动方式就是课堂提问。作为常用的教学方法，课堂提问是发展学生思维能力、提高课堂教学效果、提高学生课堂参与度的有效方式之一。根据课堂提问的目的、方式、时间点的不同，课堂提问行为主要分为以下几类：课前提问及课尾提问，纵向提问及横向提问，单一提问及连环性提问，单个提问、统一提问及跳跃性提问。课前提问和课尾提问的主要区别在于：课前提问的主要目的在于吸引同学注意，利用问题将学生带入设定的教学情境；而课尾提问更多的是对课堂知识的总结、扩展及延伸。横向提问注重知识的链接和迁移；纵向提问的重点在于知识点的因果逻辑联系。提问的方式不同，适用的学生也不同。单一提问是就思维活动的一个环节进行提问，提问的面窄，难度小，适合具体的问题和初级学习阶段的学生。连环性提问是就思维活动的几个环节进行提问，提问的面宽，难度大。该提问方式适合宽泛的、宏观的问题，能引起思维向纵深发展，适合学生学习的中后期阶段或思维敏捷的学生。同时，提问的对象数量也对提问效果产生影响。单个提问指针对一个学生进行一对一式提问。统一提问是教师在课堂中进行统一提问，统一提问一般是以自问自答的方式出现，对教师提问技巧的要求较高，如果教师运用得比较好，能起到激起学生兴趣与促使其积极思考的作用。有部分教师在运用这种方式时不被学生接受，不能激起学生的兴趣，影响授课质量。跳跃性提问就是提出意料之外的问题，这种提问能给学生留下想象的空间，引发学生的想象和联想，培养其创造性。提问是课堂教学中引导学生学习知识，发展思维、技能、情感等的重要手段。所以，每一位教师都应精心设计课堂提问，做到恰如其分，以提高课堂教学的质量，激发学生的学习兴趣。

（三）使用多媒体

现代教育技术不断发展，使得利用多媒体技术手段辅助教学成为可能。

课堂讲授结合多媒体进行，改变了教师讲授的单一形式，声、色、形的介入，使得课堂动静结合，形象直观。加上信息化时代对于学生知识面的要求，多媒体的介入使得课堂知识的深度和广度得到了延伸。不仅如此，随着 MOOC、爱课程、学堂在线等高校在线开放课程平台的发展，大学学科知识的多媒体资源近几年呈现爆发式增长，也为教师提供了丰富的教学素材。运用多媒体教学可以使教学突出重点与难点，拓宽视野，很好地激发学生的学习兴趣，提高教学质量。因此教师有必要掌握现代化的教学手段，掌握现代教育技术，这样在课堂讲授中才能为学生提供丰富的素材，但需要科学分配课堂时间。

（四）课堂任务发布

传统教学模式中，课堂任务发布主要是给学生发布课堂练习习题，练习方式有教材练习、辅助资料练习和案例练习，且都偏向理论基础知识的学习，对于学生的创新型思维、扩展思维及实践能力的训练强度偏弱。PBL 教学法（项目式学习的教学方法）的提出更新了传统教学模式下课堂任务发布的方式，PBL 教学法指导教师将预期教学成果转化为问题，让学生围绕问题独立收集资料、发现问题、解决问题，强调以问题为导向，培养学生自主学习能力和创新能力。在社会各层面都不断强调培养大学生创新实践能力的今天，教师利用 PBL 教学法进行课堂任务发布能很好地培养学生自主思考解决问题的能力，是对学生进行创新思维训练、实践操作训练的有效方法。教师在课堂任务发布时需要将理论知识的练习及实践能力的训练有机融合在一起。

二、基于创新创业能力培养的"公司战略与风险管理"课程构建

（一）大学生创新创业能力的解读

创新创业理念，是创新创业精神和高校人才培养融合的起点，其中的关键是对"四创"的理解，它们分别是：创意、创新、创业和创造（见图1）。

（1）创意是学生具有新颖的和创造性的想法，没有对错与真假之分，是学生基于现实事物与学科认知衍生出来的行为潜能，需要持续挖掘和激发。

图1 "四创"

（2）创新是一种创造性实践行为，相较于创意的抽象与虚拟，创新更需要学生在特定的环境中改进或创造出新的事物。这些事物可分为在学科领域的知识创新、在行业领域的技术创新以及在职业领域的制度创新。创新是"四创"的核心，既是创意的实际载体，也可迭代为创业、创造。高校应持续加强创新课程培养体系建设，更新创新人才培养范式，以确保为学生的创新行为提供扎实的学科知识基础和浸润式的创新意识培养体系。

（3）创业是指实现价值，开创基业，将学生的创新进一步落地，是学生创新行为产生的各种成果。创业追求价值实现，是学生人才培养目标的可视化展示，学生可以掌握技术，可以开办企业，可以发展事业，实现将学生从教室到社会的有效输送。

（4）创造表示能首先想出或制造出前所未有的事物，能有意识地对世界进行探索性劳动，从而创造价值，是"四创"的最高境界、最高目标。

总的来说，高校对创新创业理念的解读与定位应是：大力激发学生在思想、意识上的创意，通过人才培养体系培养学生在创新上的方法和能力，从而奠定创业的手段和基础，搭建各类创新创业平台，鼓励和保障学生创业实现价值，产生效益，最后通过学生创造带动教育价值和社会价值的实现。

（二）"公司战略与风险管理"课程的特点

1. 课程涵盖领域广，内容综合全面

从课程涵盖领域来看，作为注册会计师的考试科目之一，"公司战略与风

险管理"课程涉及公司战略管理、风险管理、金融与财务管理以及市场营销等多个学科领域，这就要求学生在学习课程之前对经济学、管理学有基本理解并拥有较为全面的知识体系。从课程内容来看，2021 版教材一共包含战略与战略管理、战略分析、战略选择、战略实施、风险与风险管理及内部控制六章。这六章可分为三个板块：第一板块是战略与战略管理概况（涵盖第一章）；第二板块是战略管理的三大步骤，即战略分析模型、战略选择及战略实施（涵盖第二章至第四章）；第三板块是风险与风险管理及内部控制（涵盖第五章与第六章）。这三个板块涵盖的知识体系非常全面。

2. 课程联系实际

该课程在阐述公司战略与风险管理基本内容的基础上，穿插了很多案例介绍，较详细地介绍了公司战略的整体实施过程和财务战略的相关内容以及风险管理的实务和具体内容，比如，第二章战略分析介绍的 PEST 分析模型、钻石模型、五力模型及价值链分析模型等可用于分析企业内外部环境；第五章风险与风险管理中介绍了比较实用的风险管理方法及程序，这些内容都要求教师能够将理论知识与实际问题紧密联系，同时也强调学生要有一定的分析能力和解决现实问题的能力。

3. 课程实用性强

金融学专业设置该课程希望学生能够将所学的知识系统整合起来考虑企业战略与风险管理问题，能把市场营销、投资理财、人力资源、生产运作和研究开发等职能战略与企业总体战略结合起来系统分析，把企业的内部环境从长远发展的高度来概括、总结，通过课程中的商业分析模型提出可操作性思路，系统规划企业的持续竞争优势和核心竞争能力，能明确识别企业经营过程中可能遇到的各种风险，也要有相应的应对措施，对公司的内外部环境、运营状况、风险有综合性的判断和分析。课程中训练的商业策划布局、精准定位分析都是学生进行创新创业比赛时撰写策划书的重要技能。该课程涵盖的公司战略知识点覆盖了金融学相关资格考试的知识点，为学生准备相关考试夯实基础。更重要的是，该课程指导学生进行完整的市场分析和企业路径选择，能够有效提高学生在创业时对市场环境的判断能力、对企业的战略定位及风险把控能力，大幅度提高学生创业的自信及可行性，进一步推动学生创新创业能力培养。

（三）基于创新创业能力培养的"公司战略与风险管理"课程课堂教学体系构建

基于学生创新创业能力培养的要点及"公司战略与风险管理"课程特点，任课教师应在课堂教学过程中充分运用讲授法、案例教学法、PBL 教学法，以"理论知识讲授""案例引导""学生实操训练"三个板块为抓手，从理论模型学习能力、创新创业类比赛策划书撰写能力、学生创业实操能力几个方面对学生进行综合培养，使得该课程的培养效果最大限度地接近当下社会对人才创新创业能力的要求。以课程第一章及第二章为例，课堂教学体系设计方案如图 2 所示。

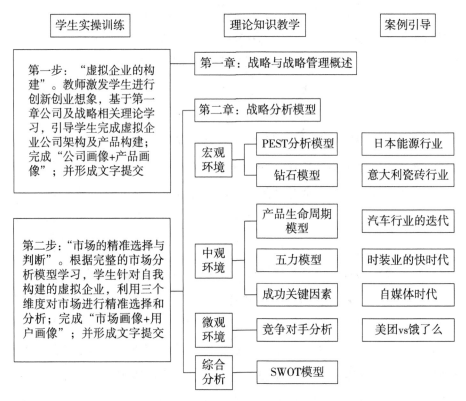

图 2　"公司战略与风险管理"课堂教学体系设计方案

三、"公司战略与风险管理"课堂行为设计及创新创业教学启示

根据对"公司战略与风险管理"课堂教学过程的铺设，任课教师应在课程的各个环节中融入恰当的情境教学行为，使得课堂教学效果更佳。

（一）利用课堂讲授行为打下坚实的理论基础

在理论知识教学环节，以课堂讲授行为为主、课堂提问行为为辅。教师将理论基础知识通过讲授传递给学生，主要借助"教师讲学生听"的方式来完成这一部分的教学活动。教师的教学目标在于知识传递的达成。该课程涵盖的知识点较多，各分析模型难度较大，且模型掌握程度直接关系到学生实操的效果。如果理论基础知识不够牢固和全面，学生会在实际分析过程中对自我认识和市场认识产生偏差，学生创新创业效果将会大打折扣，学生创新创业的信心也会受到打击。因此，教师在实施讲授行为时要特别注意学生的掌握程度，并注意语气、语调，多利用身体语言，比如手势来进行引导和强调。同时，教师在讲授时应扩大在教室的活动范围，改变只站在讲台上的习惯，在不需要进行板书的时候积极与学生进行互动，保证学生保持注意力集中，与教师节奏一致。此外，在课堂讲授过程中积极提问也是提高教学效果的好方法，课堂提问更能吸引学生的注意。在课前提问能很好地将学生注意力引入设定的情境中，如在钻石模型的教学开始时提问学生："当你看到某国的标志时，你能瞬间联想起哪些产品？"这不仅能激发学生对实际生活的联想，同时将学生代入具体的情境，激发学生的内驱力和好奇心，使其更好地掌握教学内容。教师一定要利用讲授和提问的课堂行为将知识点剖析整理，更有逻辑性、更有趣味性地帮助学生打下扎实的理论基础，后续学生在进行创新创业的实操时，才能更熟练、更准确地利用模型进行分析，提高创新创业能力。

（二）在案例引导环节注重多媒体的使用

"公司战略与风险管理"课程的特点之一就是联系实际，是一门理论与实

际融为一体的应用型课程，因此在教学过程中要经常应用案例教学法。这一环节中，教师应主要采取多媒体辅助课堂行为，利用声、色、音的变化，加强案例对学生的思维刺激，缓解长期讲授带来的疲倦感。由于大多数教师都是一毕业就走上教师岗位，理论知识扎实，但实践经验不足，在授课中应用的案例多是听来或读来的，并没有实际经历过，因此在案例讲解中多是纸上谈兵。利用丰富的多媒体资源则能弥补这一不足，将更有实践经验的声音带入课堂。同时，使用多媒体能更好地营造全员参与互动的课堂氛围。利用多媒体引入更多的案例，使学生养成联系实际、自主思考的学习习惯。此外，教师也应鼓励学生自主收集实际案例，改变传统课堂中的"教师一言堂"现象，通过教师和学生对案例的思考和讨论，完成教学过程中教师与学生的平等对话。在课堂中引入大量实际案例，能很好地培养学生理解各类信息、通过自主思考将各类信息整理优化的能力，大大提高学生创新创业的成功率。

（三）在学生创新创业启发环节应注重课堂任务发布

"公司战略与风险管理"课程强调与实践的对接，要求学生在具备一定的分析解决问题的能力后，能将这些能力运用到创新创业的实践活动中去。所以，在此课程中教师如何引导学生进行创新创业实操成了关键。根据 PBL 教学法的指导，我们发现用项目引导能激发学生自主思考和参与课堂。因此，在"公司战略与风险管理"的教学行为设计中，应全程涵盖以学生创新创业项目为导向的课堂任务发布，随着理论知识的完善，一步步利用课堂任务发布，引导学生将创新创意发展为完整的、有逻辑的创业项目策划书，甚至是精准的、有步骤的创新创业行为。例如，在"战略与战略管理概况"学习任务完成后，发布构建虚拟企业的课堂任务；在"战略分析模型"学习任务完成后，发布精准市场分析后进行市场画像及用户画像的课堂任务；在"战略选择及战略实施"学习任务完成后，发布虚拟企业三层次战略确定的课堂任务；在"风险与风险管理及内部控制"学习任务完成后，发布公司内部架构优化及风险预估的课堂任务。引导和鼓励学生能依据理论知识及模型，对外部市场、运行方向、战略进行更加准确的判断及思考。

四、教学行为设计对创新创业影响实践效果分析

课程结束后，为检验课堂行为设计对学生创新创业能力的影响，以2017—2018及2019—2020学年中2个学期"公司战略与风险管理"课程的教学效果来进行实践分析。结果表明，课程结束后，学生共完成多种行业的创业计划书18份；各组成员使用创业计划书参与校级、市级比赛共计8次，其中，"百夜翻译"项目策划书获得市级一等奖，其余项目获校级奖项3次，院级奖项1次；实操创业行为3次，包括"摄影工作室""共享音乐训练室"及"传统酒店改造"；2次与社会单位签订合作协议。不仅如此，教学行为的设计也让学生对知识的理解更深刻，对教学过程更满意，2个学期的"公司战略与风险管理"课程学生评教结果均为院系第一。

总体而言，科学的、完善的教学行为设计能给学生带来更大的收获，同时能得到学生的认可，学生的综合能力也会得到提升。在创新创业能力日益重要的今天，各高校都应积极转变教育思想，及时调整、优化并重组教学内容和课程教学体系，更新教学方法和教学手段，改变教学模式，培养具有实践能力、综合素质过硬的创新创业型金融人才。

参考文献

[1] 陈飞洋，耿倩．创新创业教育探究［J］．科技创业月刊，2017（15）：52－53.

[2] 唐瑶．大学生创新创业教育探析［J］．四川文化产业职业学院（四川省干部函授学院）学报，2017（3）：82－84.

[3] 孔企平．论学习方式的转变［J］．全球教育展望，2001（8）：19－23.

[4] 施良方，崔允漷．教学理论：课堂教学的原理、策略与研究［M］．上海：华东师范大学出版社，1999.

"大智移云"背景下金融学专业"财务分析"课程教学改革研究[*]

"大智移云"背景下金融学专业"财务分析"课程教学改革研究[*]

彭馨逸　　王淋靖

摘　要：近年来"大智移云"高新技术蓬勃发展，高新技术给财务分析者获取和分析财务数据带来了极大的便利，但也带来了极大的挑战。"大智移云"技术的更新迭代对高校开设的"财务分析"课程的教学工作提出了新的人才培养要求。本文通过探讨"大智移云"背景下财务分析工作的转变，以及目前本科金融学专业"财务分析"课程的教学现状，为高校"财务分析"课程教学改革提供有益的改革建议。

关键词：大智移云　财务分析　教学改革

一、引言

随着我国教育体制改革的深入，现代教育对于学生的要求不再局限于熟练掌握和灵活运用知识，还强调高校需要培养学生与时俱进、掌握最新的专业技术的能力。"财务分析"作为一门培养金融学生财务分析能力、在金融工作中使用频率较高的课程，包含理论教学和实践教学两个方面，其所运用的知识涉及财务数据的采集、分析和处理。而传统的财务信息收集、分析和处理的方式，不仅低效，而且难以避免人为因素导致的财务信息质量不一致。然而大数据、人工智能、移动互联网和云计算等新兴技术的蓬勃发展，极大

　　* 本文系四川外国语大学教学改革研究项目"'数字经济'背景下金融类课程研究性教学的模式与路径研究"（编号：JY2474248）的阶段性研究成果。

削弱了传统财务分析的不足。因此，将大数据、人工智能、移动互联网和云计算的技术引入金融学专业"财务分析"课程教学中，既符合现代教育对学生的培养要求，也符合市场的人才需求。

二、"大智移云"背景下财务分析工作的转型

传统的财务分析主要致力于企业财务报表的分析，财务分析的主要内容也集中在数据之间的因果关系上。随着大数据技术的发展，当代的财务分析不仅分析企业财务报表信息，还分析财务报表外的财务数据和非财务数据，分析的内容也由分析表内财务数据的因果关系转为分析海量数据下更为复杂的关系。随着人工智能、移动互联网、云计算等新兴技术广泛投入使用，财务分析的工作范围得到了拓展，由传统财务分析紧密围绕财务报表进行财务数据分析处理转变为对海量表内表外财务数据和非财务数据进行处理，包括获取数据、清洗数据、挖掘数据并且从数据中发掘商业价值。财务分析工作也由实践型工作逐步向管理型工作转变，职能更偏向于通过海量数据做出科学预测，为管理层提供决策建议，而财务分析人员也逐步成为企业管理层的"智囊团"。

三、"财务分析"课程的现状分析

（一）课程教材无法适应"大智移云"的需求

当前市场上主流"财务分析"课程的教材主要存在以下三个问题。

首先，当前的"财务分析"课程的教材强调的仍然是理论知识。虽然市面上的"财务分析"课程的教材名称和课程内容侧重不同，但大多是从财务分析方法入手，通过财务报表对企业的运营能力、盈利能力、偿债能力、发展能力进行分析。然而在"大智移云"这个信息爆炸的时代，数据的种类和数量都极为庞大且复杂，如何通过科技手段获取数据信息，并且运用科学的方法从海量数据信息中筛选出有用的信息，是现有教材内容不涵盖的。而企业对于财务分析的要求早已拓展为筛选有用数据，并将这些有用数据转变为

对企业有价值的信息。

其次，当前市场上的教材中所采用的案例过于陈旧，与当下的企业状况脱节。"财务分析"课程的教材中所采用的案例分为两类：一类为课前导入型案例，另一类为典型分析案例。导入型案例过于陈旧，很难引起学生共鸣。多数典型分析案例采用虚设的企业和数据来进行分析。虚设的数据与企业实际财务情况相去甚远，这就导致学生只理解皮毛，一旦面对真实企业的财务数据，数据不再如书中案例那般标准化，学生就不知道如何去利用所学知识来进行财务分析了。

最后，当前市场上的教材大多是针对财务专业的学生编写的，对于金融专业的学生而言，"财务分析"课程主要培养的是金融专业学生的投资分析能力，这与为财务专业学生编写的教材的侧重点不同。因此，现有教材缺乏针对性。

（二）"财务分析"课程教学方式单一

首先，"财务分析"是一门实践性非常强的课程，但是在大多数高校，该门课程的教学方式仍然以教师讲授为主。传统的"教师讲、学生听"的教学方式中，学生的知识仅停留在财务分析理论阶段，会算财务指标，但对其内涵尚不了解，久而久之就会失去学习的兴趣，并且无法将知识迁移到实务中加以运用。有些教师也会设置专题来对财务分析进行讲解，让学生一定程度上参与财务分析课堂，增加学生的参与感。但这种方式往往流于形式，缺乏对学生参与专题的质量评估。

其次，有些教师在授课过程中穿插的案例数据多停留在教材提供的信息上，学生很难获取企业信息，也无法了解企业所处的经济环境和市场环境，这就会导致学生无法结合企业当时的实际情况来进行分析，这无异于纸上谈兵。而当学生进入企业，面临实际的财务分析时，海量数据扑面而来，不知如何获取有用的财务信息和非财务信息，不知如何进行数据清洗和数据筛选，不知如何对数据进行深层次的挖掘。这些实践的方法和技巧在"财务分析"课程的教学过程中都未曾涉及。

（三）教师缺乏实践经验

教师缺乏财务分析实践主要表现在以下两个方面。

第一，高校中的教师大多是一毕业就直接进入高校从事教学工作，因此缺乏会计实践经验和金融从业经验。而"财务分析"课程的教学效果与实践息息相关，实践环节的质量又与教师的实践水平不可分割。因此，由于财务分析实践经验的缺乏，大多数授课教师很少注重培养学生信息收集、数据清洗、数据挖掘的能力。由于金融从业经验的缺乏，大多数授课教师会将这门课程按照教材的编写逻辑讲授，对于金融专业的学生来说没有针对性，学生无法做到学以致用。

第二，"大智移云"包含大数据、人工智能、移动互联网和云计算技术，这对于财务分析的人才需求本就是颠覆性的。市场对于财务分析人才的需求不再是传统的全面掌握财务分析知识和熟练运用财务分析技能，而是需要具备 IT 专业知识。这对授课教师提出了更高的要求：既要有扎实的财务分析基本功，又要掌握较丰富的 IT 专业知识。这样的复合型人才在当今的高校中是相当缺乏的。

（四）考核方式单一

在多数高校中，"财务分析"课程仍然采用传统的"平时成绩＋期末考试成绩"的方法对学生进行课程学习考核，多为平时成绩占总分的20%，期末考试成绩占80%，或平时成绩占30%，期末考试成绩占70%。平时成绩主要包含学生的出勤情况、课堂表现和课后作业完成情况。而期末考试多采用线下纸质闭卷考试，考试的内容主要是传统的财务分析知识，集中在财务分析概念、指标计算等理论知识上。这样的考核方式无法准确考核学生获取数据、清洗数据和挖掘数据的能力，以及综合分析企业财务数据的能力。而且这样的考核方式缺乏对学习过程的考核，无法在教学过程中把控学生的学习状况，无法实现对学生的分层教学目标。

四、"财务分析"课程教学改革建议

"大智移云"给财务分析工作带来了转变，为了让高校培养出来的人才适应当前市场对人才的需求，针对上述"财务分析"课程在教学中存在的问题，本文提出以下几点建议。

（一）筛选和整合教学内容

教材是"财务分析"课程课堂教学的重要载体，选对教材可以有效地简化教学工作，同时方便学生对"财务分析"课程进行课前预习和课后复习。金融学专业的学生不同于财务专业的学生，前期学习的相关课程只有"会计学基础"和"财务管理"，财务知识相对薄弱，因此，选择的教材内容应当集中在资产负债表、利润表和现金流量表等重要财务报表的分析，以及运营能力、盈利能力、偿债能力和增长能力的分析，教材不宜过难。

而对于教材案例陈旧的问题，授课教师应当长期追踪并广泛收集典型上市公司的财务报表。这样既可以及时更新案例，让学生在真实案例中掌握财务分析相关知识，也能提高授课教师自身的实践分析能力。

"大智移云"背景下的财务分析人员，需要能够从海量数据中获取原始数据，并对原始数据进行清洗，建模分析数据间的复杂关系。这就要求"财务分析"课程的授课教师除了讲授理论知识，还要教授学生如何利用"大智移云"技术进行原始数据收集、处理和分析。例如，学生可以通过上海证券交易所、深圳证券交易所、企业官网等渠道去了解企业的情况，还可以通过Python等软件编程和建模去抓取原始数据，对数据进行清洗并进行分析。

（二）改进教学方式，实现教学多样化

首先，由于技术的快速发展，教学可以采取线上线下结合的方式，打破教师讲、学生听的模式，采取线上微课和线下翻转课堂结合的方式来让学生更多地参与到教学中来。授课教师可以将一些基础的财务分析知识录制为每个不超过10分钟的微课，让学生在课下学习这些基础理论知识，从而为翻转

课堂提供支持。在翻转课堂上尽可能多地让学生参与进来。设置专题，让学生使用所学的理论知识对真实的企业案例进行财务分析，并且让学生来评判分析是否准确，分析内容和分析方法是否还有可以改进的空间。

其次，在选取案例时，采用"大案例＋小案例"的模式。在整个"财务分析"课程的学习过程中，无论是对财务重要报表（资产负债表、利润表、新近流量表）进行分析，还是对企业运营能力、盈利能力、偿债能力和增长能力进行分析，都选定一个企业案例进行分析，这样使得财务分析的整个过程是完整的，学生对于财务信息和非财务信息的分析才会有直观的感受。因此，大案例是"财务分析"课程教学的支柱。平时，授课教师可以给定主题，由学生自己去收集相关的财经信息，在每次课前让几名学生给大家做分享。这样既能提高学生的学习积极性，还能培养学生自主学习的能力，实现知识的积累。

最后，在课程一开始就可以将班上同学进行分组，四到五人为一组，选定一家上市公司对企业案例进行财务分析，小组合作撰写财务分析报告。对一家上市公司进行财务分析，如果由一个学生独立完成，工作量比较大，小组合作完成，就能分摊这项工作。从学期一开始就布置该项任务，便于学生自行安排好时间，可以在每个专题结束后完成相应的报告，也可以在期末学习完所有专题后统一撰写完整的财务分析报告。这样既可以培养学生的团队协作能力、沟通能力，也能培养学生合理安排时间的能力。

（三）重视师资培养

"大智移云"时代对于人才要求的转变，使得"财务分析"课程的授课教师既要掌握扎实的财务分析理论知识，又要灵活运用大数据、人工智能、移动互联网和云计算的技术，具备相应的数字化、信息化素质。首先，"财务分析"课程的授课教师要树立不畏困难、与时俱进的思想意识，积极主动地接收新知识和新技术。其次，"财务分析"课程的授课教师应当积极参与课程研讨会，通过研讨会与专家交流最新的信息。最后，"财务分析"课程的授课教师还可以多参加校企交流，并且积极参与企业的实岗锻炼，既能提高授课教师自身的财务分析的实践能力，也有利于提高"财务分析"课程的实践教学水平。

（四）改善教学评价体系

"财务分析"课程的考核，既要对传统的财务分析理论知识进行考核，也要对学习的过程质量进行考核。因此，可以对该门课程的评价体系加以细化。期末闭卷考试的成绩占50%，出勤及课堂表现成绩占5%，微课学习成绩占10%，实时财经新闻分享占5%，课后作业完成情况占10%，财务分析报告占20%。其中，期末闭卷考试沿袭传统"财务分析"课程的考试内容，主要考核财务分析基本理论知识，以卷面成绩为准。微课学习则以参与度和完成度来评分。实时财经新闻分享根据新闻分享的及时性、准确性来进行评分。课后作业完成情况主要根据学生对数据获取、数据清洗和数据挖掘的完成度进行评分。财务分析报告则是根据书面报告、PPT报告展示以及主讲人的表现综合评分。这样构建的评分体系，很大程度上提高了"财务分析"课程教学中的过程评价占比，使得评价体系更为完善。

参考文献

［1］卞晓姗．"大智移云"背景下应用型本科财务管理专业实践教学改革研究［J］．科教导刊，2019（15）：50-51．

［2］倪明辉，邢大为，于向慧，等．财务报表分析课程多元化教学改革［J］．中国冶金教育，2017（1）：4-6．

［3］杨曼利．本科院校金融专业《财务报表分析》课程教学改革探讨［J］．新西部，2020（2月中旬刊）：162-163．

［4］杨名杨．大数据背景下财务分析课程教学改革的探讨［J］．财会学习，2020（4）：208，210．

新文科背景下市场营销课程融合数字营销的探讨与体系构建[*]

钱筱蕾

摘　要： 新文科背景下，市场营销课程需要构建符合数字经济时代的人才培养体系，进一步打破学科的壁垒，推动传统营销理论与数字营销的深度融合，从而实现市场营销教育的自我革新，创新人才培养模式，最终达到创新传统市场营销课程内容、培养学生的创新思维、提高学生的专业实践能力的目的。

关键词： 新文科　市场营销　数字营销

一、新文科背景下市场营销课程改革的必要性

随着经济市场的高速发展，市场营销人才的培养不再拘泥于只掌握传统的营销理念，而是要求学生能快速熟悉并且依托新媒介衍生出的营销模式，以理论结合实践，成为复合型的营销人才。

现代信息技术的发展和变革促进了数字经济的快速发展，从而革新了市场营销课程的目标：培养学生具有学科交叉、文理结合的能力，掌握信息技术，具备综合型应用的实践能力。在新文科背景下，数字人文将信息化、网络化、数字化、可视化、虚拟化、智能化等多种新型信息技术深度应用于人文学科，形成了新型跨学科领域。就营销角度而言，数字经济的发展改变了传统的营销组合，利用大数据、精准营销等为客户提供更加优质的产品和服务是企业核心竞争力的重要来源。而如何在数字经济时代下培养综合素质高、

* 本项目系四川外国语大学国际金融与贸易学院本科教育教学改革研究项目的系列论文。

能力强的营销人才成为高校和教师需要思考的关键性问题。依托数字营销，企业能更容易获得竞争优势，降低各类销售成本。例如，通过可追踪、可优化、可定点投放的互联网广告，可以节省广告投放的成本。当前高校的营销人才培养多沿用老旧的模式，无法适应企业和时代的发展。目前市场上存在数字营销人才紧缺现象，毕业生中并不乏营销人才，但是与数字经济时代契合的营销人才极度匮乏，所以，市场营销课程需要改革。

传统的市场营销课程缺乏案例教学，案例的覆盖范围也较小，并且存在针对性、实践性不足的问题。在师资队伍方面，专业的市场营销教师始终缺少较为丰富的营销实践经验，在操作技能方面也有所欠缺。所以在案例讲解部分还需要行业导师的参与，才能从更为贴近实际的经济视角指导学生。传统的市场营销课程已经不能满足瞬息万变的市场发展需要。高校需要不断跟随市场的发展调整培养目标和模式，从而构建具有交叉性、综合性的课程设置。这种发展趋势正好符合新文科背景下建设综合型高素质人才培养体系的要求，运用信息技术对传统的文科课程进行学科重组，其核心要义就是建设新专业和新课程，推动新交叉，实践新模式，实现跨学科、跨课程的交流与融合。而本文所提到的市场营销课程在新文科背景下的改革融合，就是以培养数字经济市场下复合型的专业营销人才为目的。

目前，市场营销课程的内容特点是重理论、轻实践，在课程内容的设置方面和教师的讲解过程中，与理论内容相配套的实践环节严重欠缺。如果继续墨守成规以传统的市场营销课程引导学生、培养学生，会与社会发展严重脱节。所以在市场营销课程的设置上，除了注重对国内外市场的研究，还要推进数字经济与营销理论研究的深度融合。

二、数字营销的含义及特点

在很多探讨数字营销的研究文献中，有以下表述：数字营销是借助信息互联网技术、多媒体平台技术、计算机技术及交互技术等数字化手段实现营销目的的营销模式。相较于传统的市场营销，数字营销利用大数据、媒介平台等信息技术让营销从粗放型走向了集约型，便于市场产品与市场需求的沟通，实现降本增效的目的。同时，数字营销可以汇集市场消费者的真实反馈，促进营销战略的制定和产品的升级。当前，企业在市场上与消费者的互动行为呈现跨空间和高频次的趋势，传统的营销手段很难适应现代营销发展的需要。尤其是在后疫情时代，数字营销将会成为数字经济和实体经济的重要融合手段，是市场营销发展进程中的关键转变。

三、市场营销课程改革的目标

传统的市场营销是指在传播和沟通等过程中为顾客创造价值的一系列活动，它以4P（价格、渠道、促销、产品）、4R（关联、反应、关系、报酬）、4C（顾客、成本、沟通、便利）及4I（有趣、利益、互动、个性）的四方面营销组合为基础。而数字营销可以借助互联网工具及新型社交媒体等平台渠道进行相应的推广和营销，成为推动营销发展的重要支撑，可以很好地培养学生在多样化营销组合方面的能力。因此，在市场营销课程应以培养懂营销、懂数字经济的复合型营销人才为目的。基于此，市场营销课程改革的目标应当包含以下几个方面。

第一，课程设置体现交叉融合理念。数字营销的出现对市场营销课程培养的人才提出了新的要求，除了要掌握传统的市场营销理念，还要会运用数字化技术，对消费者行为、特征等进行分析，从而帮助企业提升营销效率、降低营销成本。

第二，构建学生多样化的知识体系和复合型技能，注重人才培养模式的改革。在市场营销传统课程的基础上，增添关于数字营销的新兴科技理论知识，强化数字经济与市场营销理论的交叉。

第三，市场营销课程的改革还需培养学生融合创新的思维。

四、构建数字营销培养体系的难点

第一，对基于数字营销的市场营销课程内容定位不清晰。在学科、课程交叉建设方面，要求课程内容结合市场营销传统理念，同时融入数字技术的有效应用。在师资团队方面，需要既具备专业素养又具备数字技术应用能力的专业教师，还需要聘请行业教师参与课程的讲授，给予学生实践方面的指导。此外，教师的教学内容要及时更新，贴近市场的变化，将典型的案例纳入教学内容中。

第二，传统的市场营销课程缺乏实践环节，在对学生实践能力的培养上，应融入数字技术专业知识，更新实验模拟使用的软件，举行实践型数字营销方面的比赛。

五、市场营销课程改革策略

市场营销是实践性非常强的学科，市场瞬息万变，需要加强实践环节，结合具体的实践机会，提升学生实操的能力。市场营销课程的改革可从以下几个方面着手。

第一，市场营销课程的教研组主动与相关企业联系，了解企业市场营销岗位的基本工作程序与目标，从中提炼出相关知识点，分解知识点，同时进行课程设计。如有合作意向，可以聘请行业导师举办讲座，设置理论与实践知识结合的课程内容。

第二，成立联合课程组，教研组教师共同制定教学大纲，加大实践能力在课程考核中的比重。

第三，增加数字技术类课程，如爬虫、Python 等技术软件，提升学生跨学科的信息技术运用能力。

第四，将企业实际、典型的案例融入课堂，建立真实的行业案例库。请相关案例的企业营销岗位导师不定期讲学，拓展学生和教师的知识面。通过行业导师贴近市场实际发展的讲授内容激发学生主动思考数字营销的创新模式，注重搭建营销理念与信息化技术的桥梁，让学生深刻理解如何借助信息技术进行创新性营销，从而调动学生对市场营销课程学习的积极性。依托实践基地和企业案例，演绎数字化营销手段，提升学生利用信息技术发现问题、分析问题和解决问题的能力。

第五，促进产教融合，推进市场营销人才资源供给侧结构性改革。在教学课程设置中注重学生的能力培养，使学生能力符合目标营销岗位的需求。

第六，鼓励学生多参与市场营销的竞赛、实践实习活动，实现创新性的理论成果落地。市场营销是一门实践性极强的学科，因此在培养过程中需强调学生的实操实践能力，鼓励学生将课内外实践成果投入应用，例如，市场营销教研组可以与企业合作，为学生搭建成果展示的平台，鼓励学生多参与"互联网＋""三创"比赛，或营销岗位的实习。企业作为人才需求的主要驱动力量，与学院共建营销人才的培养平台，也便于挖掘优秀人才。

六、结语

市场营销课程与信息化技术的融合是新文科背景下的产物，会面临诸多挑战，融合工作还需进一步深化和探究，从而推动该课程改革符合市场经济发展的趋势和人才需求。

参考文献

［1］陈徐彬．更理解消费者的数字营销是美好生活向往的助推器［J］．国际品牌观察，2022（8）．

［2］冯琳洁．数字经济视域下市场营销人才培养体系的探索［J］．科技经济市场，2019（6）：120－122．

［3］郭爽．新文科背景下市场营销专业人才培养模式改革研究［J］．质量与市场，2021（23）：70－72．

［4］郭爽．数字经济背景下市场营销专业培养模式改革研究［J］．商业文化，2020（32）：88－90．

［5］刘夏，何高大．数字人文与新文科视角下的英语专业人才培养探索［J］．外语电化教学，2022（1）：27－33．

［6］彭永进，王昌军，赵晓艳，等．"互联网＋"背景下市场营销人才培养探究［J］．中国管理信息化，2021（8）：240－241．

［7］颜帮全．市场营销案例教学存在的问题及对策［J］．江苏商论，2006（1）：93－95．

［8］朱逸，赵楠．数字营销的多重关键性面向［J］．商业经济研究，2021（15）：72－76．

基于学生兴趣调研的课程思政素材库建设[*]

周　萌

摘　要：课程思政是新时代培育学生知识与价值统一、树立正确价值观和社会观、落实立德树人任务的重要途径。尽管我国高校及教师开展了如火如荼的课程思政建设和研究，但多停留于理论研究、系统设计等理论层面，主要立足于高校和高校教师的角度，对于如何实施尚无明确方案，且对于课程思政内容的挖掘和素材的构建，仍是不成体系的，缺乏全面丰富的素材库。同时，对于学生这一主体的兴趣并未给予足够的重视。本文经研究，基于学生兴趣调研设计了一套高校课程思政素材库，通过该素材库的建设来促进高校课程思政建设和实施。

关键词：高校　课程思政　学生兴趣　素材库

一、引言

为做好新形势下高校思想政治工作、更好地发展高校课程思政建设事业，2020 年教育部印发《高等学校课程思政建设指导纲要》《教育部等八部门关于加快构建高校思想政治工作体系的意见》，全国高校课程思政建设如火如荼地开展。我们以"课程思政"为主题词检索，可检索到关于高校课程思政的相关论文 2 万余篇。但从整体和系统的角度来看，目前全国高校开展的课程思政研究和建设仍处于"各自为政"的初级阶段，尚未形成

---

　　* 本文系四川外国语大学国际金融与贸易学院教改研究项目"'新文科'背景下线上线下混合式教学模式在'管理学'教学应用研究"的阶段性成果。

体系；理论研究占主导地位，与实践脱节；高校管理层及高校教师占课程思政的主导地位，未充分发挥学生这一主体的积极作用；缺乏基于学生兴趣的课程思政素材库，导致高校课程思政建设和实施过程困难，面临着诸多现实问题，实施收效甚微。因此，为了能更有效地推进高校课程思政建设，切实做好高校课程思政设计和落地实施，需要明确目前高校课程思政建设存在的问题，在解决问题的同时建设一套基于学生兴趣的全面的课程思政素材库，来有效推进高校课程思政建设进程，提升课程思政建设实施效果。

二、高校课程思政存在的主要问题

（一）偏重理论研究，与实践脱节

当前90%以上课程思政的研究为理论研究，即便以某一课程为落脚点，主要研究仍然停留在理论研究层面，与实践脱节。当前众多研究聚焦于课程思政建设、课程思政与思政课程的关系等方面，尚未触及如何针对一门课程进行思政的实践操作，更无丰富全面的课程思政素材库支撑。只有极少一部分研究涉及课程思政元素的挖掘。一些课程思政的呈现内容和方式与师生不同阶段的思想状况、发展需要以及实践衔接还不够紧密，师生关注、关心的热点、焦点、难点往往得不到及时、准确、透彻的回应和解答。

高校育人工作不仅是理论知识传授的过程，更是价值熏陶和塑造的过程，也是培养学生实践能力的过程。如果教师在教学科研活动中"只教书不育人""只育智不育德"，只注重理论研究，而忽略实践操作，那么学校中将有很多本该发挥作用的教学实践没有得到充分激活。高校课程思政建设和研究总停留或者聚焦于体系设计研究分析、课程思政形势探讨、课程思政创新研究、课程思政评价体系研究等内容，既抽象又空洞，让作为教学主体的教师无从下手，并不能设计出一个可操作、接受度高、受欢迎、让学生受益匪浅的课程思政实施方案。因此，在整个教学实践中，仅有生搬硬套、牵强附会甚至是形而上的教学理论研究，是不能有效发挥教书育人的作用的。

(二) 教师和高校视角的设计，未充分发挥学生的作用

众所周知，每一个教学改革、教学新模式的建设和实施，均离不开三方，即高校、教师和学生。然而，通过文献分析发现，当前 95% 以上的课程思政研究和设计是以高校和高校教师为主体的，并未体现学生在高校课程思政中的重要作用。因此，这些课程思政的实践，存在一定难度且可接受度低。作为高校课程思政的受众、课程思政的作用对象，学生是高校课程思政建设的重要主体，因为高校学生对课程思政的观点、态度和兴趣是决定课程思政建设成功与否的关键。

对于教师，应多关注教师对课程思政的认知、教育教学的能力、科学评价的方法、教学反思的意识与能力，因为这些方面构成了教师开展课程思政的图谱。

高校学生是有思想、有活力的青年，他们所关心、关注和感兴趣的内容千差万别。因此，在建设课程思政体系和素材库时，必须充分考虑高校学生的作用，应当基于学生兴趣调研构建课程思政素材库，应该重新厘清高校课程思政建设中高校、教师与学生之间的关系和相互作用。

首先，高校为课程思政建设的教师和学生提供强有力的平台和基础，高校教师是高校构建课程思政的积极实践者，而高校学生是课程思政建设的受众群体，直接反映建设效果。

其次，高校为教师设计和实践课程思政提供平台基础，教师在高校这个大平台上，应用高校的课程思政素材、教学条件、教学资源以及教学成果，进一步提升、构建创新型课程思政体系。

再次，教师也是高校最重要的组成部分，没有教师的积极主动作为，高校的教学和教育质量只能沦为空谈。

最后，高校为学生的学习和教育提供有力的物质基础保障和学科软件的保障。因此，高校是教与学的基础，在教学改革和教学实践中处于基础保障

地位。学生既是教学活动的受众群体也是主体，其不仅是教学设计应重点考量的对象，也是教学效果的反馈者，只有充分考量学生作为青年群体的思想特征、人群特征及其所学学科的特性，才能更好地提升高校课程思政的质量。高校、教师和学生三个主体在高校课程思政建设中的相互作用及关系如图1所示。

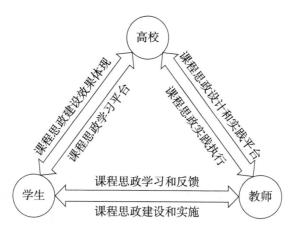

图1　高校、教师和学生之间的相互作用和关系

（三）素材范围局限，缺乏广度

综合文献来看，目前大部分的研究和课程思政设计及实施采用的素材较为枯燥，很大一部分教师理解的思政就是思想政治。然而，课程思政不仅仅是思想政治。当前课程思政缺乏学科与思政素材的有机融合和弹性设计，主要表现为思想政治工作与学科建设、课程教学、管理服务等具体工作融合度和协调度不够，或对思想政治工作在不同教学内容、业务环节中的不同体现还缺乏系统深入的把握，生搬硬套的现象还时有发生，导致思想政治工作与师生工作学习实际联系得不够紧密，课程思政素材生硬乏味。

课程思政的建设以立德树人为根本，以理想信念教育为核心，以培育和践行社会主义核心价值观为主线，以建立完善全员、全程、全方位育人体制机制为关键。高校课程思政的建设目标包括健全立德树人体制机制，把立德树人融入思想道德、文化知识、社会实践教育各环节，贯通学科体系、教学体系、教材体系、管理体系。从指导思想和建设目标上来理解，课程思政元素的设计范围远远超出思想政治范畴，具有更广阔的空间让高校和教师去发掘。比如，我国的史前文化、悠久的历史、传统文化、社会主义发展史、经济发展史等，都可以与专业知识相结合，避免素材的生搬硬套，让课程思政元素内容多元化、形式多样化、应用具体化。

（四）课程思政素材零散，尚无系统的素材库

以"课程思政""素材"或"素材库"为主题词检索，发现目前针对高校课程思政素材挖掘的文献有48篇，针对素材库建设研究的文献只有2篇，且均为理论研究。深入分析上述文献发现，课程思政研究和建设涉及的素材十分零散，且内容庞杂空洞，多为理论研究，缺乏系统性、多维度、多模式、内容丰富的素材库。

因此，按照课程思政总体指导思想，对照课程思政建设的总目标，总结梳理我国历史、文化、经济、政治等方面的课程思政素材，并按照学生兴趣进行分类，按照数据库管理模式进行存储、管理和使用，从而形成一个智能化的个性课程思政数据库，这是高校课程思政建设的重要基石，也是有效提升课程思政建设效果的保障。

三、高校课程思政素材库的构建

（一）素材库建设框架

综上所述，当前高校课程思政建设缺乏一个系统性、全面丰富、具有广度和深度的素材库，因此本文拟构建一个基于学生兴趣调研结果的高校课程思政素材库。可将素材按照呈现形式分为文字素材、图片素材、视频素材、实物素材等；也可按照内容和专题分类或按照学生兴趣分层；或按照数据库结构分布。素材库分类、存储框架如图2所示。

首先，对于每一个素材，予以不同层级的编码，便于检索，同时给予详细注解和评述；其次，对素材具体标注其使用范围和适用场景；再

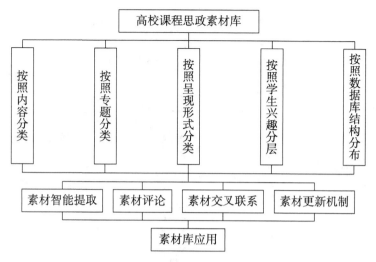

图2　高校课程思政素材库框架

次，通过问卷方式对学生进行调查，根据反馈对不同素材的受欢迎程度和学生感兴趣程度进行分层标注和更新，以便后续选择使用；最后，由于素材之间可能存在关联，因此通过人工神经网络（Artificial Networks）模型建立不同素材之间的关联，来判断是否具有可替代性或者共同使用情况。

（二）素材库建设流程

在初步完成素材编码、分类存储后，总结梳理课程思政素材。按照不同主题和分类对学生进行兴趣和偏好问卷调研，然后分析问卷并统计后，对已分类的素材进行兴趣分层。若有新的课程思政素材，立即更新数据库。首次建立的数据库，可根据第一届学生课程结束后的反馈进行更新、修改和完善，从而形成一个更完备的数据库（见图3）。软硬件方面，应用实验室及图书馆硬件资源、配套系统搭载海量学习资源，可实现多种情景、多种方式的素材使用，如课堂讨论法、课堂情景剧、现场投票等，实现人人参与、实时反馈，增加学生的参与感，从而实现课程思政素材的多元化使用目标，同时提高了师生的信息化适应能力以及数字化学习能力。

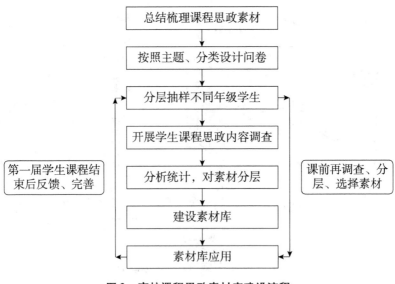

图3 高校课程思政素材库建设流程

（三）素材库与课程的融合

高校课程思政素材库构建完成以后，里面丰富的内容可供教师选择使用。然而，由于内容海量且宽泛，针对某些课程的特定使用对象和使用方法，需要单独根据课程特点进行设计。以"管理学"教学为例，素材库中有关人才团队管理的案例、企业管理的案例、管理学历史和时事政治等内容，可以有机地与"管理学"课程融合。

因此，在让每一条素材入库时，除了做规范统一的注解和使用说明，还要增加与课程结合方法的相关阐述。

四、结语

通过文献分析发现高校课程思政建设中存在一些问题，即高校目前对于课程思政建设中素材库的构建存在空白。因此，本文设计构建了一个基于学生兴趣的课程思政素材库，与此同时，对该素材库的构架、构建流程以及使用方法进行了阐述，希望能通过素材库的建设，有效推进高校课程思政建设，提升高校课程思政建设的效果。

参考文献

[1] 陈绍炯，李淑娟．基于三全育人的课程思政元素挖掘与融入——以"国际物流"课程为例［J］．物流技术，2022（1）：134－137.

[2] 常城，李慧．我国高校思政课理论与实践教学体系的构建［J］．科技创业月刊，2010（7）：105－106.

[3] 邓晶艳．基于大数据的大学生日常思想政治教育创新研究［D］．贵阳：贵州师范大学，2021.

[4] 龚一鸣．课程思政的知与行［J］．中国大学教学，2021（5）：77－84.

[5] 李德贺，李波，张晓．思政元素融入高校数学类课程实现路径研究［J］．教育理论与实践，2022（3）：57－60.

[6] 李缘媛，洪钰龙，宁怡婷，等．医学领域课程思政元素及实践路径的文献分析［J］．中华护理教育，2022（3）：225－229.

[7] 倪艳荣，郑先锋．课程思政的素材挖掘、内容组织与教学实践——以《光纤光缆制造技术》课程为例［J］．时代汽车，2021（9）：79－80.

[8] 彭丽丽．高校思想政治工作大格局及其构建路径研究［D］．西安：长安大学，2019.

[9] 谭红岩，郭源源，王娟娟．高校课程思政评估指标体系的构建与改进［J］．教师教育研究，2020（5）：11－15.

[10] 滕辉，何兰，王岩，等．医学院校数学课程中融入思政元素调查研究［J］．医学教育研究与实践，2022（1）：63－66，75.

[11] 韦洪发，王晓宇．论"课程思政"中的"三个统一"［J］．江苏高教，2022（4）：96－105.

[12] 吴显芝．高校专业课程思政元素提炼与应用研究［J］．公关世界，2022（1）：108－109.

[13] 项波，吴仰祺，杨路萍．高校课程思政建设的"四个维度"［J］．黑龙江高教研究，2020（4）：152－155.

[14] 许小军．高校课程思政的内涵与元素探讨［J］．江苏高教，2021（3）：

101 – 104.

［15］赵继伟. 课程思政建设的原则、目标与方法［J］. 中南民族大学学报（人文社会科学版），2022（3）：175 – 180.

［16］郑婉婷. "电子商务概论"课程思政元素的挖掘与融入对策分析［J］. 教师，2022（9）：21 – 23.

［17］朱丹丹. 新文科建设背景下构建高校课程思政体系的路径研究［J］. 科教导刊（电子版），2021（7）：191 – 192.